我的经营论

私の経営論

[日] 宫内义彦 著
蒋 丰 译

人民东方出版传媒
People's Oriental Publishing & Media
東方出版社
The Oriental Press

目录

前　言

被誉为现代经营管理学之父的彼得·德鲁克曾说过，“所谓经营学，就是对于企业的一般理论”。就是如何通过最高效的方法来达到企业最终希望达成的目标。经营学的目的不仅限于追求利润，还涉及方方面面。我有着长期的企业经营管理经验，这让我认识到，光有经营学的知识是不够的，还要拥有能够将知识付诸实践的强大的行动力才可以。这才是真正的经营管理。

一旦违背经营学的一般理论，办事的效率就会降低，失败的风险也随之加大。所以，能将经营学实践到何种程度，是决定成功的第一要素。个别的企业甚至在实践经营学的基础上，还要设定企业的单独目标，组织全体员工朝着这个目标行进，创造企业特有的文化和传统，理解市场的状况，应对当前的难题。如何将上述的一切付诸实际行动，让全公司人有目共睹，就是经营管理者的职责。

在正确理解经营理论的基础上，准确把握企业的具体问题，并精准解决的人，就是真正的管理者了。

只要是在有明确目标的企业或团体里，经营学的理论就能够通用。尤其是像我这样在经济界之外还涉足过政治、体育等领域的人，越发清楚这一道理。

机缘巧合下，我曾受邀参与过多种社会团体的工作，和除企业外的团体接触，让我切实地感受到，其实无论是企业还是团体，都要面临经营管理的难题，也都离不开经营管理。尽管各个团体的目标不同，但大家都需要一个能够以最快途径实现目标的方法，并且需要一个熟谙经营管理理论并且能够强有力执行的领导者。

我曾经从一个佛教团体那里获得过一个职位。该佛教团体向我咨询关于经营管理方面的意见。为此，我每年都会去一次京都总寺院，共同探讨、解决经营管理上的问题。

事实上，日本全国的宗教设施都面临同样的问题。地方城市的神社和寺院因为经营状况不佳，呈现集体衰退的趋势。而大都市里的神社和寺院又因为数量太少，不能很好地满足社会的需求。

尤其是像京都总寺院这样一个要统筹管理各地大小寺院的组织，一方面要面临各地大小寺院的意见不统一，另一方面又要从大局出发寻找出一条解决的途径。而我呢，则属于京都总寺院的外援，负责实施方案，推行改革。

另外，我还是新日本爱乐交响乐团的理事长。因为本身就热爱音乐，经常在国内外听演奏会，久而久之便混成了“熟脸”，于是就有音乐界人士主动来找我。

乐团里艺术家云集，大家都非常醉心音乐，热爱演奏，没有人考虑经营管理，于是就容易出现赤字，让乐团活动无以为继。而我的工作，就是在提高乐团艺术表现力的基础上，能够延续它的生命力。

与此同时，我还担任着日本大学经营协会的理事长一职。这是一个以提高大学的活跃度和扩展研究活动为目的的团体。为学生们提供更好的教育，为社会输送更有用的人才，是日本大学的重要使命。但是从世界的大学排行榜上可以看出，目前日本大学整体都处于低迷状态。在我看来，大学与大学间、教授与教授间的交流切磋不够活跃，是日本的大学缺乏魅力的原因之一。大学，不能沦为教授们悠闲度日的机构。

无论是寺院、乐团还是大学，都是专业性非常强的团体和机构，在社会上承担着重要职责。这些团体和机构的共通之处就是都需要强化经营管理方法。一个团体和机构的良性运营，离不开经营管理和收支管理等。反过来说，哪怕是人才云集，如果没有一个好的经营管理和收支管理，团体和机构也一样会收支不抵，无以为继，不能真正发挥它的作用和职责。

伴随着社会经济的成熟，经营管理的方法也日趋复杂。因此，对于企业和团体来说，要想提高工作效率，尽快达成目标，不是一件简单的事情。如何更好地运用经营论来获取更大的成果，将成为决定企业和团体命运的分水岭。

为此，作为欧力士集团长期的最高经营责任人，我觉得有必要将自己常年积攒下来的经营理念总结、传递给大家。这也是自己创作《我的经营论》的初衷和目的。

希望《我的经营论》能帮助企业或团体人士解决当前所面临的难题。

宫内义彦

译者序　送给“有心人”的成功秘籍

成功，究竟有没有捷径？

这恐怕是任何一位不甘平庸、追求成功的企业家头脑里都要过一遍的问题。其实，无论哪个时代，都有企业家在孜孜不倦地寻求答案。因为有企业家的地方就有江湖，有江湖就有成功的传说，就有数风流人物还看今朝的各界大佬。比如中国的马云、比如日本的孙正义、比如美国的马克·艾略特·扎克伯格……

在武侠小说里，大佬们的成功往往都走的是捷径，神奇的转变就发生在一夜之间，或掉入山谷拾到了前辈高人的速成秘籍，或误食了神仙果子莫名地增加了一甲子功力，又或者遇到了怪人、奇人哭着闹着要帮着打通任督二脉，把自己的盖世绝学都白白地传送给眼前的“有缘人”。

可是，“有缘人”的定义是什么呢？是天赋异禀还是骨骼精奇？初出茅庐的凡人怎么打响江湖名号？如何在已经过度开发的土壤上找到座好山头？

眼下，我手里也有一本从东瀛高人那里获得的秘籍想送给中国经济界的“有缘人”，更加准确地说，是中国经济界的“有心人”——有上进心的人。这本秘籍，就是宫内义彦先生著的《我的经营论》。

关于宫内义彦先生，想必阅读过东方出版社 2015 年 9 月出版发行的蒋丰译书《追逐明天——我的履历书》和 2016 年 6 月出版发行的蒋丰译书《抓住好风险》的读者，都已经十分熟悉了。宫内义彦先生是日本最大的综合金融服务集团之一的欧力士集团的资深董事长，常年推助日本政府进行体制改革，曾任数届日本政府综合体制改革会议议长等要职，在日本政经两界都是举足轻重的人物。这样一位东瀛高人写出来的秘籍，不可不看，尤其是在中国 960 万平方公里的土地上掀起了“大众创业”“万众创新”这样“双创”新浪潮的今天。

早在 2014 年 9 月的夏季达沃斯论坛上，中国政府总理李克强就呼吁过“大众创业”。2015 年，李克强总理在《政府工作报告》中又将“大众创业、万众创新”定义为推动中国经济继续前行的“双引擎”之一。对于中国的年轻人来说，这无疑是个最好的时代。创业的浪潮一波接一波，在这样一大片可喜局势下，若你连一波浪潮都抓不住，赶不上，那才叫可怕。更可怕的是，在创投泡沫的繁荣下，好不容易融资成立的公司经不起现实与时间的考验，刚上马的你立即阵亡。

创业，仅仅是千里之行的第一步而已。经营，是让公司企业发展起来的关键。

在我看来，许多大企业的经验之谈有时候被包装得太过于成功，让人误以为大企业就是永不沉没的航空母舰。其实，在日本生活多年，我亲眼看过三洋、夏普、东芝这样一个个大公司“失败”后的惨景。经营管理，总是伴随着危险同行的。在泡沫经济崩盘之前，日本的很多大企业都创造出世界级的品牌，但在市场和世界形势的急剧变化下，又有很多大企业没有能够将危机感转化为创新意识以及行动，在行业重新洗牌后被迫成为明日黄花。比如媒体领域进入数码时代后，日本富士胶卷曾经作为主力产品的胶卷就要逐渐退出世界舞台，他们不得不去开发美容产品；再比如当日本的手机市场还沉浸于彩色翻盖机时，智能手机已经席卷了全球，日本的手机只能被扫到一边，苟延残喘。先知先觉的企业和后知后觉的企业之间的发展存在着云泥之差。这就关乎经营管理者的眼光与决断。

要我这个“老江湖”来说，成功是没有捷径的，但我相信，成为一名成功的经营管理者是有方法论的。马云的第一份工作是做英语教师，一干七年；李嘉诚的第一份工作是在舅父的钟表公司里当学徒；马化腾从计算机专业毕业后的月薪是 1100 元人民币，照样做了五年。我们不应该只关注小人物在大时代里获得的巨大财富，反而应该多想想起步不高的他们，是如何系统性地提高自己的自律能力、学习能力、沟通能力、统筹能力、人格魅力等。毕竟，这是一场未来才能见分晓的比试，有所准备，登高才不至于跌重。

当我受托翻译这本《我的经营论》时，宫内义彦先生对我说了一句意味深长的话："现在，在日本能够写企业经营论的，大概只有稻盛和夫先生和我了。"看过我翻译的三本宫内义彦先生的书籍，你或许可以从中感悟到什么。

宫内义彦先生曾经盛赞中国的年轻人"富于挑战精神和开拓精神，有野心、有冲劲儿，是非常了不起的，值得鼓励"。与此同时，他也说，"人生路漫漫，不必急于求成，最好能一步一步坚实地前进，不断地充实自己，从长远的角度来看，这样会走得更稳，也能走得更远。"

当然，千里之行，始于足下。中国的企业家以及抱着创业冲动的年轻人，不妨把阅读宫内义彦先生的《我的经营论》当作一个新起点。

《人民日报海外版日本月刊》总编辑
蒋丰
2017 年 5 月于日本东京

序章　经营手法也分企业规模和行业种类

在考虑经营论的时候，不能忽略企业的规模与行业的不同。比如金融业和航空制造业的经营着眼点就不可能一样。航空制造业要能预测到 20 年后的行业需求，并根据预测进行技术改革，着手开发新的飞机。必须做到眼光长远。

而金融业别说是预测到 20 年后，就是 3 年后都很难预测到。金融业时刻都要面临法律的修正和政策的变革，一有变动，就必须迅速做出反应，推出相关的产品或服务。比起长远性的展望，更重视灵活应对。尤其是金融业里的对冲基金，变化甚至是论小时论分秒的，需要迅速就能做出反应。从时间概念来看，航空、铁路、汽车等需要长期规划的行业和需要快速、灵活做出反应的零售业和金融业，简直就是两个极端。

企业中长期成长的必要条件

虽然因为企业规模和行业分类的不同，经营环境也大有不同，但作为企业和团体，有一项重要追求是共通的。那就是要创造价值，要能为顾客和社会做贡献，也唯有做到了，才能获得持续性地发展。在提笔总结经营论的过程中，我始终是以此为中心，在这本书里为了企业的持续性发展而献计献策。

我会如此钻研经营论，正因为自己也处在变化多端的经营环境里，要经常开拓新的事业。开拓新事业，需要当机立断，不能总盯着昨天的辉煌或失败而放不开手脚。

我认为挑战，正是企业的本能。大多数企业都会根据时代的变化来挑战不同的领域。当然，也有的企业不会过多的挑战新领域，比如家电行业和钢铁行业。即便如此，行业内部也在发生着变化，需要更新技术，研发新产品，不断提高工厂效率等。这也是挑战。

这些挑战包括日常的细微的工作环节，也包括几年一次的大型投资，会涉及很多方面。如何逐个地、合理地推进这些挑战，就需要用到经营学。

当然，并不是所有的挑战都会成功，为了提高成功的概率，作为掌舵人的经营管理者，时而需要加快速度，时而需要控制速度。我本身也是一名掌舵人，要管理业务的开拓、人才的招聘、员工的培养等，这些经营活动直接左右着企业的成长。

作为上市企业的经营者，在“投资者关系管理”这个词还没有流行开来的时代，我就已经开始同外国的投资人对话了。现在有不少的日本企业，都拥有外国股东，“企业治理”这个词也被广泛传播。事实上，企业要想长期发展，必须重视与股市、股东对话。

20世纪60年代，我曾被欧力士派往旧金山，跟美国租赁公司学习租赁业务。后来该公司在纽约证券交易所上市，我也有幸跟该公司的董事们一起出席公司委员会，亲眼见识了公司经营者和股东、外部董事们的相处之道，感觉和股东们打交道，真不是一件容易事，就连CEO遇到外部董事都得小心翼翼，毕恭毕敬的。后来，我也成为了美国租赁公司的董事，这种体验也越来越多了。

在日本企业还不大清楚什么是“投资者关系管理”的时候，欧力士就有了外国股东，因此我要定期到海外举办说明会。这也是欧力士的外国股东比例偏高的原因所在。

为了企业的中长期成长，一方面要挑战新业务，另一方面也要保持和国内外投资人的对话。他们能够带来很多刺激和思考。在这本书里，我也会介绍经营管理者与股东间的关系。

一个人的精力总是有限的，要想重新审视企业的目的和人才的培养以及各个项目的成功与否等，可能很难一次性做到。为此，在这本书里，我会分部分地跟大家介绍我的实践经验，尽可能地抓住本质，复杂问题简单化。

第一部

经营者的言行决定一个公司的走向

第一章　公司的作用和所需的人才

在当今的世界上，存在着数量众多的公司和企业。我们不妨追根问底，世界上为什么会有“公司”这一组织存在呢？或者说，公司存在的原因与理由是什么呢？也许有人会说“公司是一个最佳的筹款集资的工具”，也许有人认为“公司是企业现代化管理的一种形式”，也许有人主张“公司有利于企业法人制度的健全”，也许还有人看中“公司可以创造税收”。但是，我坚持认为，公司的存在，可以促进社会市场经济活动的良好运转。或者说，公司这一组织所参与的市场经济活动，对社会的发展有利有益。正因为如此，公司才能长期在世界各个国家各个社会中保持其形态，得以绵延不断地传承。

这样说来，企业真正的主人应该是国家和社会。企业，或者说公司必须高效地利用其人、其物、其财等有限的资源，持续不断地创造社会所需求的价值。

知识集约型社会抛弃传统的招聘方式

从上述观点出发，我们来考察并思考一下日本企业的现状。首先，必须明确地看到，日本众多的股份制公司（日文汉字写作“株式会社”），尤其是大型企业，每年都在大量地招聘员工。对于熟悉日本企业文化的人来说，这道“招聘风景”似乎毫无新鲜可言。但是，如果把眼光放远投放到整个世界，就会发现这道“招聘风景”的确是独特怪异，充满着“和”风。众所周知，日本的企业大都在每年4月1日这一天举行隆重的新员工入职仪式。因为日本的公司被称为“会社”，所以这种仪式也就叫作“入社式”，社长亲自致辞，表达殷殷期待之情；“前辈”代表致辞，传递欢迎关怀之意；“新人”代表表态，立下努力加油之志，忙得不亦乐乎。随后，就要步入对新员工进行培训的环节。他们被分到公司里面的不同部门，被称作“新米”。这种来自农耕社会的称呼，即显示出对收获物——“新米”的喜悦和享受，也表现出未来对收获物——“新米”的重视和“料理”。一切从零开始学起，“前辈”们会手把着手地教他们，不仅教给他们工作内容以及工作程序，还要教给他们公司里面的待人礼仪，甚至怎样倒茶送点心、怎样复印资料，他们在进入公司的第一年也因此被称作“杂用”。不仅要干各种各样“打杂”的助手性的工作，还要“伺候”好各位“前辈”。这个世界上除了日本，其他国家是很少有这样的劳动习惯的。我曾经在美国工作过，知道美国就没有这样的招聘流程。

从现实来看，这样的劳动习惯已经植根于日本企业之中了。不过，我想指出的是，这个劳动习惯并不是从日本明治时期传承而来的，而是在1945年战后，伴随着日本经济高速成长，由工业化社会的进展而催生出来的。值得注意的是，尽管当今的日本经济社会已经从工业化社会转变为以服务业为中心的知识集约型社会，但过去工业体系残存的一些制度以及劳动习惯却依然存在。

回顾历史，日本在20世纪80年代曾经是工业化社会里的“世界冠军”。日本的生产厂家，或者说出口行业都取得了耀眼的成功，不论是美国还是欧洲都甘拜下风。质优价廉，批量生产，日本产品出口到世界各地，坐稳了“世界工厂”的这把交椅。

为了生产“大量”“质优”“价廉”的产品，日本企业独创出一种员工招聘和培训制度。要想经营称霸世界的工厂，必须招聘大量优秀的大学毕业生，并且保证这些毕业生是“同质化的人才”，然后再下功夫把他们培养成为“同质化员工”。究其原因，就在于东京和大阪尽管地域不同，但不同地域的工厂必须生产出来均质的产品。无论是在哪个工厂，都要能生产出完完全全一模一样的产品。为了达成这个目的，日本企业才有了“入社式”。这种“入社式”是为了给新员工染上该公司的“颜色”。经过“染色”，员工今后可能无法适应其他公司。“染色”这个环节是公司内部为了培养对本公司有用人才的必经环节。其表现形式和手段也是多种多样的，除了隆重严肃让人略微感到紧张的“入社式”以外，还会安排他们入住公司统一的单身宿舍，或是让同期进入公司的员工组成饮酒会等。极端地说，日本的公司就是要通过不断重复的“染色”，让新员工在头脑中形成“公司大于一切”的观念，让仅适用于自己公司的管理哲学渗透到新员工的每一根血管里。

日本企业如此做法，导致企业不断强大，但强大的来源不是来自一般所说的外部毕业的 MBA（工商管理硕士），而是通过增多“公司内部的 MBA”得以实现。而现在的问题是：在“泡沫经济”崩溃以后，那种如日中天的时代早已画上了句号，但日本企业却仍在沿用老一套的招聘和教育体系。

应该看到，如此故步自封的不仅仅是日本的企业和管理者。现在的时代里，最落后的是负责教育学生的大学。日本许多大学都无法摆脱工业化社会的观念，仍然在拼命培养符合过去体系的大学生。“如果去企业参观的话，你应该穿这样深蓝色的就职正装”“你是女大学生，一定要把头发扎成马尾”“人家这么问你，你就这么答”……大学里提供的清一色的就业指南都是这样要求人整齐划一的。

大学生方面的情况又如何呢？学生们往往都是从自己大学的水平，或是从自身水平出发，考虑该水平层面上排名最靠前的公司，而且还得尽量是社会上名气较大的公司，然后就是“千军万马过独木桥”，想方设法挤破头地要进入这样的公司。他们并没有认真考虑过 30 年后，这家公司是否仍然会是热门行业的巨头，他们甚至不顾这家公司已经出现了业绩下滑的信号。对于他们来说，争取的是“名牌”企业，索取的是眼前利益，根本不会想到“条条大道通罗马”的。

所以，现在日本社会出现了令人不可思议的现象：一些企业特别是大型抢手企业，虽然其发展前景不一定乐观，存在着未知变数，但却成功聚集了众多优秀的员工，因此内部竞争也十分激烈。当下许多大学生却是削尖脑袋想进入这样的企业。但是，有的则是在刚刚进去就面临着企业被兼并、破产、裁员的窘境。此外，日本经济团体联合会还专门规定了应聘活动解禁日，以此约束招聘求职活动。

我们应该冷静地思考一下日本企业的人事招聘和管理。这两者都是与企业的成长息息相关的。如今，在询问大学毕业生择业理由的时候，比起希望染上某个公司颜色的传统意识，学生们更多的是回答“想尝试各种各样的事情”。同时，在一家公司一直工作到退休的意识，也就是“在这里工作一辈子”的意识，也没有以往那般强烈。目前，显得冰冷却严峻的现实是，30% 的新员工在 3 年内就会辞职流失，从长期以来人事招聘追求稳定的观点来说，这算得上“招聘失误”了。

日本企业的各位管理者都应该认识到，现在的社会已经不是工业化社会了，而是知识集约型社会。所以，企业不应该再随波逐流。现在的日本，不论是学生到企业参观，或是高校就业指导，或是企业的招聘手法，都显得过于陈旧，被知识集约型社会远远甩在了后面。

多样化的人才是成功的关键

那么，在知识集约型社会当中，在包含招聘在内的企业活动里，我们应该优先考虑做什么事情呢?

首先，我们需要认识到与知识集约型社会契合的管理，与工业化社会的所需是完全不同的。相较于工业化社会优先考虑“大量、均质、优秀”，知识集约型社会里所应该做的是聚集拥有各种各样背景的人才。然后，给予这些人才“可以尝试新事物”的环境，新颖的想法就会层出不穷。这才称得上是理想化的公司管理。

以欧力士集团来说，尽管公司仍然保留着“入社式”，但我自己早就不再到“入社式”上致辞了。其原因在于，比起每年 4 月 1 日参加“入社式”的新员工，我们这里跳槽过来的员工要多得多。这些跳槽而来的员工，既不需要参加“入社式”，也不需要参与培训，进入公司后立即投入到各自的工作，开始发挥自己的经验和特长。这样的现实提醒我们，公司的人事管理必须与时俱进。

我们的人才目标，就是构建如前文所述的拥有各种各样背景人才的集合体。当然，这并不意味着可以简单的标新立异。无须赘言，品质优秀和工作热心是人才选拔的基本条件。同时，不论男女，不论应届毕业生还是有经验员工，不论日本人还是外国人，不论年老年少，不论理科文科，企业都应该一视同仁，予以聘用。重要的在于，聘用以后企业应该给予这些人才大展身手的环境。将这样的人才良性循环植根于公司内部，企业才会愈来愈强大。

同时，企业管理者还应该注意到一件事情：人才背景越是多样化，企业对人才评价的标准越会复杂化。企业将很难设定单一标准去评价何为优秀。而这里判断的标尺就是专业性。

再拿欧力士集团来说，我们过去没有涉足太阳能发电的业务，公司当初也没有相关业务的开拓规划。因此，公司内部也不曾储备相关电力行业的人才。对于太阳能发电行业，我们的有些员工甚至还带着极其简单的“如果触电就危险了”的印象。随着业务领域的扩大，欧力士集团亟待太阳能发电行业的人才和专家加入。我们应该到哪里去寻找这样的人才和专家呢？这个时候，如果花气力从头进行培养，不是不可以，而是来不及。结果，我们把目光转向外部，发现有的公司出于某些缘由，对于太阳能发电的业务不够关注，其行业的人才和专家在那里“英雄没有用武之地”，作用没有得到充分的发挥，我们就想办法聘用这类公司里的优秀人才。此外，在不在意员工年龄的前提下，我们还聘用一些已经退休的行业专家。这样一来，欧力士集团原来缺乏太阳能发电专业知识的员工就可以获取行业专业人士的知识与见解，与专业人士一起讨论，新颖的方案也会应运而生。

再比如说最近欧力士集团开始涉足地热发电领域。在这个领域，不仅公司内部缺乏专业人才，公司外部也是缺少相关专家的。于是我们试着放宽视野，积极聘用地质学的研究人员。

综上所述，现在的时代，重要的是按需聚才。企业有什么样的需求，就招收什么样的人才。而不是再去搞那种所谓“储备人才”的招聘，以为“养兵千日，用在一时”。这种“储备人才”，很多时候是一种浪费，不利于人才的流动，等到企业需要用这种人才的时候，他的知识结构和水准可能已经过时了。因此，我要大胆地说，日本企业那种一次性招聘几百名新员工，老板在“入社式”上逐个握手祝贺，说上几句“恭喜进入我们公司”“好好加油干”的仪式，已经越来越失去存在的意义了。

另一方面，为了让多样化人才能够“投怀送抱”地找上门来，公司也必须下功夫花心思向外部世界传递自身的魅力。招聘到一流人才是一件十分困难的事情。企业如想要从竞争激烈的产业分一杯羹的话，或许还需要猎头公司在人事招聘上的帮助。同时，对于长期在公司的老员工来说，空降到公司的专家是“特殊人才”，他会有一种抵触感、一种戒备感、一种竞争感、一种危机感。如果二者磨合出现问题，则会影响到专家能力的发挥。这个问题也是不可忽视的。

雇佣形式的多样化

“人尽其用”，其关键不仅仅局限于多样化的雇佣方式和专家的聘用。同时，必不可少的是构建管理组织，使公司内部人才能够充分发挥其效用。

比如，启动新项目的时候，公司管理者可以按需组建“特别团队”。首先，决定团队的领头人，被任命为领头人的员工要拥有“主导权”，由其选定团队成员，“这个部门抽调 A，那个部门抽调 B”，以此组建项目团队推进项目。我曾经多次亲自组织过类似团队，切身体会到其有用性。

以欧力士集团为例，前不久公司开始参与关西国际机场和大阪（伊丹）机场两个机场的运营。但该项目对于欧力士集团来说，是个零接触的“处女领域”。当时，公司从各个部门调集了可能拥有相关知识的人才，组成了特别项目团队。大家伙儿“闭门造车”，聚集在一间屋子里认真讨论研究。那次经验使我认识到，与不同部门间的人员尽可能进行信息交换是多么重要的一件事情。不仅能够获取较多知识，拓宽人脉，更有益于营造公司氛围，遇到事态突变时员工更能团结一心。

上述经验还让我认识到，雇佣形式也应该多样化。就拿开拓新业务来说，管理者往往会碰到一种局面：需要聘用较为“自信”的专业人员，他们认为“自己是行业第一，知识与经验都足够丰富，希望公司能够认可与重用自己。”假如此时采用的是终身雇佣制，对于这样的人才，公司能给出与他们期望相符的酬劳吗？就从与其他员工比较的层面来讲，很难一碗水端平。如果采用的是类似棒球选手的一年合同制，情况又会怎么样呢？可以将业绩考核也纳入酬劳计算，那样不就能大方对专业人员说出“你希望的薪酬方案我方接受”了吗？

我在前面已经谈到，现在的大学毕业生即使进入公司，也并没有打算在一家企业干到退休的想法。目前已成事实的是：在很多企业中，雇佣形式已经呈现多样化，有人离开初次就职的公司中途另寻东家，有人半路跳槽在新东家作为正式员工干得有声有色，还有人因行业的专业性在多家公司间“蜻蜓点水”。可以说，雇佣形态的多样化为企业带来了生机与活力。

当然，不可否认的是，注重成果的短期雇佣需要在短时间内对员工进行评估。雇佣形式的多样化意味着评估制度也要多样化。同工业化社会相比，知识集约型社会的雇佣形式是“量身定做”，即按照每个人不同的职业积累或需求来量身打造的雇佣形式。而工业化社会则是“现成品”，即职业生涯是提前定好的。到了 55 岁就要职务退休，把职务让给年轻人，或是干到法定年龄 60 岁就应该退休。我过去也曾把“那个人年纪也差不多了”这类的话挂在嘴边，但换作自己被“按年龄论事”时，心境却又大不一样。己所不欲，勿施于人。实际在欧力士集团内部，70 岁以上的员工还有坚持在岗位上的，也有 80 岁的在职员工。

日本整个国家目前都深陷人手不足的泥沼。为了自身公司的发展，落实知识集约型的公司管理越来越迫在眉睫。但是，目前就算是研究产业政策的日本中央政府的经济产业省，也无法摆脱以工业化社会为前提的思考方式。因此，对于管理者来说，重要的是按照自家公司需要采取各类雇佣形式。比如欧力士集团旗下虽然有金融业务，但我们并没有参照日本各家银行构建人事制度，而是“摸着石头过河”，构建了一套自身体系。每当出现问题，我们就对体系进行修改。要知道，任何企业里面都没有绝对正确的人事制度。

时代日新月异，管理有时也需审时度势进行改革，产业转变就是其中一例，转变核心产业时大规模裁员的企业不在少数。我对大规模裁员一直抱有否定态度。秋风扫落叶般解雇几千名员工，或是突然解散特定的部门，只能说明一点，那就是“管理的彻底失败”。

头脑中常存裁员意识，避免突发性大规模裁员

裁员的问题，或许是经营者、管理者感到最头痛的问题之一。在我看来，裁员是需要“时常进行的活动”。

实时实地察情观势，每天改变一小点，就不会导致“因为公司出现了大面积的赤字，必须立刻全面关闭工厂和店铺”这类极端的情况。裁员不应该是一时的大动作，而应该是日常进行的小调整。如果能切实践行每日调整，公司管理就不会一叶障目，鼠目寸光。

在项目推进过程中，随着时间流逝其不再适应时代需求，继而造成该部门无法继续运营的状况是会出现的。这类情况确实可能存在，但我相信那绝对不会是毫无预兆、突如其来的。我们每天专注工作，肯定会感受到这个业务是否有前景。以人来打比方的话，员工有时也会提出“我想去其他部门工作”。那么，他为什么要提出这个要求呢？经营管理者就应该深思。如果准确地把握现状，随时进行

适当的人事调整，就能够避免大规模的裁员。

我一直在说“不要每天做相同的事”。试想一下，今天做着和昨天完全一样的工作，这是一件多么可怕的事情。所以，我坚持强调“世界每天都在改变”，“审时度势进行今天的工作吧”。裁员是每天萌芽一点的种子，如果管理者意识不到每天进行调整，搞不好有一天就会结出苦涩的果实。也许听起来像是说反了，但“头脑中常存裁员意识”才是预估中长期发展的经营战略。

而且重要的是不能光动嘴，还要动腿。不要以为把“每天都在变化在进步”放到企业理念或是标语里就可以高枕无忧了，现实并不是这样的。其实，我们会发现加班最严重的往往就是那些喊着“要减少加班呀”的企业。看一个企业的标语，就能大概知道其“组织问题”何在。就像张贴着“安全施工”告示的施工现场其实并不安全。所以，不要光停留在喊口号层面，而是需要把裁员意识渗透到公司内部，渗透到员工中间。有人说，这样会给员工带来不安感，也会给管理带来难处。但我认为这种不安感是一种危机感，员工只有具有危机感才会更加努力地工作。当然，管理者厚着脸皮动动嘴皮子也不为过，但头脑中常存裁员意识，日常进行调整，才是避免巨大损失的良策。

“公司属于谁”利益相关者的作用

考虑公司管理的时候，将利益相关者放在哪个位置，对于“应该优先谁”的疑问，回答是五花八门的。实际上，这就是管理者如何调整股东、员工、合作方和顾客之间的平衡，合理满足各方期待的问题。而考虑这件事情时，绕不开的一个问题是以怎样的时间轴来看待企业管理。我认为企业管理者发展中长期业绩是十分重要的。以下我想从这个观点出发，讨论利益相关者相关问题。

日本社会尤其关注季度财报的结果以及由此引发的相关的股价变动。不知是否受此影响，管理者中兴起了注重“短平快之风”的倾向，只考虑提高眼下的最大利益，下一财年的事情放到下一财年再说。这种倾向的背后大概是“首先得讨好股东”的想法在“作祟”吧。想办法一股脑提升股价，把使股东满意，继而社长能拿到高额的奖金这一循环放在首位，结果形成了“股东才是企业主人”的观念。

但是，同为股东却有着不小的区别，打着“今天买明天卖了赚钱”算盘的注重短期利益的股东，和抱有“与公司同甘共苦”态度的中长期持有者是有着很大区别的。所以，对业界一直宣扬的所谓“股东平等原则”，我一直认为并不正确。这部分内容，我放到本书第二部详细论述。

从中长期管理者的立场来看的话，利益相关者变得更多样化。股东也是一样，不是站在短期买卖的操盘手的立场，而是站在中长期持有立场的话，“与公司同甘共苦”的倾向就愈发明显。

发展途中不论高低谷，只要舵掌得稳，让公司朝着良好方向发展，就会让股东意识到能给企业创造价值的员工千金不换。而不会让股东以物质利益为先，使其认为“员工不过是经营资源的一部分，能便宜用是最好的”。

还应该看到，区域社会的评价对于企业越来越重要，企业很有必要用心构筑同合作方的关系。如果认为“搞承包的企业遍地都是”，就会失去生意伙伴，难以建立长期信赖关系。随着利益相关者增多，不偏不倚，把重心置于何处的取舍就会变得越发困难。管理者需要意识到这点，继而努力保持各方的平衡。

告别华尔街思维

经营管理者中注重短期利益之风甚嚣尘上，背景有两点：一是对美国的企业经营有着影响力的华尔街证券分析师们仍能“左右乾坤”；二是前面所提过的，要求管理者短期内提升业绩，管理者承受着不小压力，同时也受到只要拿出成果，就能得到高额报酬的诱惑。

我们需要规范过于重视华尔街风向的管理思维，这一呼声在世界范围内越来越高。的确，一直以来华尔街思维下的管理都被人诟病“太过了”。美国总统也曾痛批“华尔街实在可耻”，引发热议。目前在美国社会，掀起了一股“抵制”短期内追求结果的经营管理的风潮。

日本企业必须冷静看待这股风潮。其实重视华尔街的管理思维在日本企业中能占为主流背后有个重要的背景，就是日本经济陷入低谷，即日本经济进入了被称作“失去的 20 年”期间。由于工业化社会中，日本企业太过成功，以至于管理者错误认为“日本式经营管理是万能的”而掉以轻心。不光持有股份者，银行构建的主体银行系统也在那锅温水里毫无察觉。但是，20 世纪 90 年代“泡沫经济”破灭，日本企业失去锐气，松开了规范管理的“缰绳”，美国式经营管理势头强劲，借机席卷日本。

日本企业的弱点在于资本运用效率。欧美的投资人评价“日本企业只能做出欧美企业的一半的收益”。确实，关注 ROE（净资产收益率）的话，日本企业仅有 5% 左右，与欧美优秀企业的两位数 ROE 相差甚远。问题出在哪里呢？到底是经营管理者的能力不及欧美，还是公司治理没有发挥效用，或归根到底是日本社会的体系问题。因为以上种种，日本企业备受世界各国股东的“攻击”。

在这种情况下，日本企业的经营与管理极易“顾此失彼”。首先必须将 ROE 提高到与欧美优秀企业比肩的程度。而要达到此目的，如果耗时过长，还会造成金主流失，股价下跌，企业运营将会愈发困难。

其实，提高 ROE 仅仅只是经营管理难题里的一个。我认为提高收益的同时，还必须增多能够以中长期观点支持企业的利益相关者。这两方面都很重要。但是，十分遗憾的是，日本企业多得是“嚷嚷着要提高中长期收益，却连短期收益都无法提高”的尴尬事例。那样的话，中长期肯定也拿不出较高的收益。作为经营管理者，必须正视这样的情况，避免陷于恶性循环，妥善经营管理，交出令人满意的中长期收益的答卷。

从“巴拿马泄密事件”看社会意识的变化

在考虑与利益相关者关系之时，出现了一个不可忽视的新观点。从最近引起全球瞩目的“巴拿马泄密事件”就能窥出一二。“巴拿马泄密事件”即世界各地的许多政治家和企业为了偷税避税在巴拿马创立公司，相关数据遭到曝光。那么，为什么个人与企业的避税会掀起如此之大的波澜呢？在我看来，其背景在于企业的位置变化，即公民社会对企业提出了更高的社会性需求。

提起“巴拿马泄密事件”，就不得不提到“避税港”。从法律上来讲这是合法避税，如果在某地交易，法律规定不用付税，公司当然会选择这条道路。从企业行为来说，这也是完全合理的。相反，如果企业经营管理者对此避而不选，反而会受到股东责难，质问：“为什么要付多余的税金？”

当然，现在人们并不这么认为。全球畅销书籍《21世纪的资本》的作者、法国经济学家托马斯·皮克迪就公开批评“避税港”造成了差距化，他甚至认为应该制定禁止避税逃税的国际条约，逐步让“避税港”退出历史舞台。选择合理避税，对于企业来说合法合理，但现在国际上出现了呼吁废除“避税港”的动向。而这些新的动向，可以说是时代给企业提出了新的考验。

在过去，存在着与上述看法完全相反的观念。尤其是美国，在美国掌控资本主义的领导权，“美国发展的好，社会就会变得更好”的观念之下，企业发展，消费社会扩大。逐渐演变下就出现了“凭本事赚的钱塞进自己口袋，有错吗”的观念，这就是所谓的“美国梦”萌发的土壤。

从资本主义运行机制来说，美国比日本要成熟。既有公平竞争、“胜者为王”的观念，又能提供领先世界的服务与产品，并在前述的理念之下提高生产力，提高 GDP（国内生产总值）。每个人都可以白手起家，每个人都可以在公司出人头地，每个人都可以通过投资变为股东，然后通过买卖股票等成为有钱人。只要你肯努力，“美国梦”的大门为所有人敞开。遍地黄金的美国就是实现这个梦想的地方，是财富积累的天堂。

但是，美国的问题在于，它的生产机制是世界第一，分配机制却没有跟上脚步。美国社会至今为止还有几千万人“裸着”，没有任何医疗保险。越来越多的人仍在苦苦地追寻“美国梦”，但“如果出身贫寒，这辈子翻身成为有钱人的机会很小”，这样的现实却狠狠打了所有人的脸。

积累的财富应该如何分配呢？你问华尔街，华尔街是不会给你答案的。他们认为分配问题属于政治来管，在美国总统选举的时候，每位候选人也都是着重在阐述如何消除贫富差距，以此来寻求更多的支持。但是，就如同各个候选人围绕分配问题意见分歧很大一样，美国的经济体系的规范已经越来越不受控制。

这样的情况下就出现了一个世界性问题：企业的社会责任在变重。企业是社会的产物，却由企业来领导社会，这个理论明显存在问题。理想化的情况应该是社会来规范并管理企业，企业在其管理之下勤于经营、不断创新。

与美国不同，在分配方面，日本比美国稍好一点。但近 20 年日本经济低迷，生产的财富不如分配掉的财富，所以也算不上成功。现在的时代需要日本国民每个人放眼未来，从自身开始思考如何行动。沉溺于过去成功的经验对日本毫无帮助。

可以这样说，日本的企业经营管理已经迎来了一个全新的时代，走到了历史关键的转折点。

第二章　什么是只有管理者才能胜任的工作

眼下，企业经营管理要面临的情况愈发复杂，管理者的作用也愈加得以凸显。“想让企业得到更好的发展”，应该是所有管理者共同的想法。不过拿我自己来说，比起“把企业做大”，我更坚持“把企业做好”。

作为经营管理者，我们需要认识到经营管理就意味着每天要做出决断。总是反省过去的某个决定做得好不好，“早知道，那样就好了”，“如果那样的话，搞不好就怎么怎么样了”的话，实在是毫无意义的庸人自扰。要知道已经过去的事情是百分之百无法做出任何修正的，忘掉昨天已过之事，思考明天该做之事，才是明智之举。

身为 Top 需要看到五年之后

身为经营管理 Top 的社长，或是最高经营责任人，需要在处理好每日工作的同时，以 3 ~ 5 年的时间轴来看待公司发展。拿 CEO 来说，需要就 3 ~ 5 年的具体政策做出指示，并加以贯彻落实。而且，如果公司的现实情况允许的话，应该尽可能考虑更长远的事情。“元老”级别的资深人士甚至可以将目光放到 10 年左右以后。那对于 CEO 的工作也是大有帮助的。不过我作为欧力士集团的资深董事长其实没能达到那个境界，充其量也就 7 ~ 8 年吧。

公司经营管理需要面对当季的计划销售额与收益任务，但我并不提倡高层经营管理者太过拼命去追求该目标。理想情况应该是：部长级别等一线的管理层充分考虑到第二年的情况，站在自己部门的角度上让下属各司其职。而公司的 Top 则应负责构建可以实现前述理想情况的组织和体系。社长有双“千里眼”，“洞悉”到 3 ~ 5 年后的情况的话，就大可放心让下面甩开膀子地干。当然，我也知道落实到现实情况确实有难度。

我们必须注意一点，那就是经营管理者不能太过“小家子气”。如果真的用较长时间轴来看待公司发展的话，在条件允许的情况下，不能太过强调“把握当季”的观念。

为什么这么说呢？因为对于公司的 Top 的评价，是一场未来才能见分晓的比试。

一个很明显的例子，比如说 R&D（研究开发）。一般来说，制造业的生产商会将销售额的一部分用于研究开发，这样才能不断推陈出新。日本企业更是将其视为企业的动力源泉，将较多精力投入其中。制造业生产商以外的金融与服务领域也是如此。这些行业的研究开发不是要用显微镜去研究开发，而是不断探究目前进行当中的业务，能否有进一步扩大的空间；或是否存在其他可开拓领域，在那些领域又能投入多少人力财力。要知道，不能时刻“居安思危”“落到实处”的话，企业就不会成长与发展。

金融业、服务业等行业，虽不用像制造业生产商那样拿出收益中的一部分投入研发，至少应该将同等比例的收益放到新业务开拓上边。所以经营管理者需要“看轻”眼前利益，立足当下，把握现状的同时，长远规划，赢在未来。

公司运营是一个圆锥形

以中期观点来管理、运营公司是 Top 的职责，除此之外，还有一个十分重要的职责，那就是构建组织。任何公司都有组织机构图，公司内部的联系与调整都是建立在组织机构图之上的。

但我们需要注意的是，不能以平面的眼光看待组织机构图，而是需要培养以“圆锥形”眼光看待组织机构图的习惯。

可能以员工自身来说，平时往往只关心自己的部门，或是和自己有关系的部门。但其实我们都知道，公司并不是这么单一化的组织。有些部门间的联系可能所属部门的员工也会忽略。比如乍看毫无联系的东京的营业部和关联公司的人寿保险部门，其实两个部门却有业务往来，这样的例子不胜枚举。只要构成了一个企业整体，部门和部门之间就是存在有机联系的。就像细胞一样，如果天真地以为相互之间毫无关系，细胞就会破裂死亡，继而对身体（公司）造成影响。

以平面的眼光来看待公司是有极大危害性的。我们如果用平面的眼光来看待组织机构图，就会产生错觉，认为各个部门是独立存在的。还会滋生销售一部嚷嚷着“不能输给销售二部”的不良竞争情况，或是让“不要让隔壁部门知道”这类的秘密主义横行。而就我所知，喜欢那样风气的员工不在少数。以平面眼光看待公司，视野就会陷入“章鱼洞”，员工不考虑与周围部门以及其他员工的关系，只在自己的舒适圈内活动。

如果我们有了组织是圆锥形的这一概念，就能看见组织中相互支撑的部分，能够意识到“隔壁部门如果不复存在，圆锥便会变形，必须携手合作，相互帮助”，而这样的意识对于公司成长是大有裨益的。所以我一直提倡“按照组织来行动，而不要按照平面的组织结构图来行动”。虽然我一直在提倡，但事实上这一观念实行得不够彻底。

多个部门的相互叠加构成了公司这一组织。经营管理者需要认识到公司是圆锥形的组织，并将此观念渗透到公司内；更需要让员工意识到自己的组织与其他组织之间的联系和共通点。

如果是家很小的公司，员工之间会有团结的意识。但企业一旦变大，这样的意识反而越发淡薄了。大企业的社长和小企业的社长是不一样的。经营管理者一定要寻找到适合自己企业的方式，构建最灵活有机的组织，并为其注入灵魂。

其实根据企业成长的需要，组织机构和经营方针往往需要不断调整。这一变化并不是说上市，进军海外等，而是每天思考，每天改变一点点。就算被员工吐槽“社长说的话怎么又变了”，也要坚持自我。只要有必要，就要果敢改革。

社长不是“会计部部长”

同为日本企业的经营管理者，我当然不能“五十步笑百步”，去评价其他经营管理者。但对于日本企业停滞不前的发展现状，我确实有很多话想说。

在20世纪80年代，以出口产业为中心的企业和日本经济一路高歌猛进，创下了可以称得上“世界纪录”的高速增长。驰名世界的品牌不下30家，诞生了很多神话级的经营管理者。1955年开始的经济高速增长期以来，我们可以总结发现，日本企业曾经是非常善于革新的。不仅体现在产品的革新，还体现在经营管理者丝毫不惧风险，站得高看得远，花大力气搞销售的那份勇气和韧性。那时候经营管理者以及麾下的员工发挥其风卷残云般经营能力，强势到被人称为“经济动物”。

非常遗憾的是，那样的光景再不复往日。我们不得不承认20世纪90年代泡沫经济破灭后，由此造成的“失去的20年”影响之巨大。那场打击不仅让日本经济损失惨重，更是削弱了企业的经营能力，还使得经营管理者元气大伤。

但现实真的那么令人悲观吗？其实不然。“日本经济不发展，所以我们公司也发展不了”，诸如此类想法其实是经营管理者的借口。纵观日本经济，过去的20年间，日本的GDP一直坚挺在500万亿日元大关。如此大规模的GDP，于一家企业来说无异于天文数字。在这块巨大的蛋糕中，商机比比皆是，新生事业的萌芽随处可见。如果把眼光投向海外，更是有无限商机在等待着日本的经营管理者。大展拳脚的擂台等着我们，需要我们做的是放开手脚去挑战。

但是在日本经济唱衰，出口产业低迷，产业逐渐流失海外的环境变化之中，很多企业步步为营，收紧为保守经营：打不开商品市场，拿不出拳头产品。举步维艰的经营管理者开始走向成本削减的“歧途”，一个不小心还会导致大规模裁员。在不断被爆出“裁员老板”的这20年中，很多经营管理者失去了原本企业家的精神。他们的脸上挂着问号：“革新？革新是什么？”

要知道成本削减本来就不是社长的工作，交由会计部部长或是总务部部长来处理即可。而现在我们身边的现实却是：不知什么时候起，社长干的工作越来越接近会计部部长干的工作了。

社长应该向员工灌输“挑战无限”的思想，不断发挥领导力，引导员工“试试这个吧，试试那个吧”。并且不能仅仅停留在嘴上功夫，更要拿出具体施行方案，告诉员工“你来试试吧”。能否不断在实践中去这样践行，决定着一个企业是否能够实现创新。

日本制造业靠出口赚得盆满钵满的时代诞生了很多著名的经营管理者。反观现在，非常遗憾的是，因为创新、革新的商业举措而声名大噪的经营管理者比起过去少了不少，可以说凤毛麟角：软银集团的孙正义社长，乐天的三木谷浩史董事长兼社长，迅销集团的柳井正董事长兼社长等。

话题转到产业部分，日本还是有值得骄傲的东西。比如日本的便利店产业在世界范围内傲视群雄。运作如此严密而精确的运营系统，其经营能力其他国家难以望其项背。便利店产业能够比肩商店与超市的影响力，可以说将革新和创新发挥到了极致。同理还有日本的连锁餐饮店，其他国家难得做到保持美味的同时低价提供均质服务，成熟优良的商业模式值得我们大力推向世界。

仔细研究“失去的20年”，会发现大家有一种误解：工业化社会仍在主导日本经济。出口型制造业明明已不复往日辉煌，相关的对策却大幅度落后。纵观日本产业，在汽车、电机、化学等领域仍然没有出现多家公司合并，进行产业整合的情况。我十分担心这样下去，全球化的浪潮之下，日本企业的竞争力将越来越弱。

目前尴尬的是，企业的收益并非来自革新，可能来自裁员和削减成本。用裁员和削减成本解决企业问题，解决得了一时，解决不了一世。经营者一直开倒车，不去挑战新事物，而是倾向于削减成本的经营，会大大挫伤公司整体元气，最终将精疲力竭，一无所获。

拿欧力士来说，宏观经济低迷的大环境下，公司确实吃了不少苦头。但是，我时常告诫自己“时代在变化，必须适应时代变化而发展”。于是迎难而上，更加多元化发展欧力士的事业。作为经营者，我们应该勇于承担风险，时刻铭记革新的重要性，才能走上发展的康庄大道。

但是话说回来，革新一旦失败，于企业是致命伤，所以我们也必须把控好风险管理。

大企业的经验之谈被包装得太过成功，让大家误以为企业就是永不沉没的航空母舰。乘船有句谚语：“一板之差，咫尺天涯。”说的就是船底的板子只要有一块出现偏差，船就会沉没。我们需要的是如履薄冰地经营与管理企业。经营管理总是伴随着危险，但更应该化危机感为动力去开拓创新。

在本书一开始，我指出过日本独有的雇佣方式存在弊端。根深蒂固的“需要培养同质化人才”观念带来的一个副作用就是难以出现富有革新精神的经营管理者。日本企业习惯于将新进入公司的员工培养成为只在本公司适用的人才，这样的体制问题也是流毒不浅。美国存在“经营者市场”：企业只要提出“需要这样的经营管理者”，就会有符合标准的人才出现。无法实现人才流动的日本目前根本没有这样的“市场”。

当然不容否认的事实是，泡沫经济崩盘之前，日本的经营管理者创造了众多世界级的品牌。所以我们不能全盘否定日本式经营管理，只是需要用更加宏观的视野来看待市场和世界形势的变化。这关乎经营管理者的眼光与决断。举一个很明显的例子，摄像媒体领域进入数码时代之后，胶卷作为曾经的主力产品逐渐退出世界舞台，游戏规则的变化使得行业重新洗牌，先知先觉的企业和后知后觉的企业之间的发展存在云泥之差。还有就是个人通信端行业，在日本沉浸于国内的手机市场时，智能机之风已经席卷了全球。日本制造的手机，即所谓的“翻盖功能手机”只能被扫到一边，苟延残喘。

Top 发挥好领导力，扛好企业大旗，员工自然会一呼百应。多少革新都不在话下，一样手到擒来。

打磨自己的感性思维

经营管理者需要站得高看得远，日益新月益新。

要富有革新精神，就需要打磨自己的感性思维。如何打磨感性思维，即通过保持好奇心、勤于学习来打磨。好奇心并不是要去探求和商业没有太大关系的宇宙奥秘这类东西，而是讲作为一个企业家或商业人士应去学习相关知识。举例来说，历史观很重要，研究日本与中国的地缘政治也很重要。在企业，位子越高越需要宏观的眼光。仅以局部的微观思维经营企业会一叶障目，看不到重要的东西。

拿我自己来说，我认为“谁都无法预料明天的事”，所以也没有底气说自己一直都是用宏观视野来经营管理。但即便如此，我还是要求自己至少要考虑“3 年之后的情况”。就比如说，欧力士的相关金融业务，是一个极易被法律与制度左右的行业。日本银行的利率、相关法律制度、税收制度等的变化会给业务和经营带来极大影响。客观来说，制定相关制度的政治家和官僚们是按照实时变化的情况做出改动的，故他们的观点谈不上一直保持宏观。于是我一直告诫自己：比人快三步，容易看错局势。那至少要比人快半步。对于金融行业来说，这半步刚刚好。

不过与半步刚刚好的金融业不同，有些行业需要将眼光放宽到 20 年以后，比如航空业。我庆幸自己不在其中，没有金刚钻不揽瓷器活儿。我相信，类似航空业等需要更长远视野的行业，适用的又是另一种思维。行业不同情况当然不同，但经营管理者需要培养的习惯却是共通的：那就是在宏观思维指导下看待自己企业的发展。

虽说快人半步刚刚好，但金融业其实是不见硝烟的战场。门槛不太高，对手却很多，竞争很激烈，但不战就没有明天的保障。加之目前金融和最新的科技结合，行业正在发生难以预估的变化。我认为金融业务是很难做的，十多年前我就考虑“脱金融”也许是一个方向，并为之做了准备。

不久的将来，像现在的银行业态或将再难觅踪影。

第三章　磨炼传达信息的能力

当初作为经营管理的 Top，除了投资人关系等必须针对业务做出说明的时候，说句大实话，我几乎没怎么考虑过传达信息的问题。

首先是面向外部传达信息，如果一五一十把正确而透明的信息全抖出来，不就变成了把自家的秘密武器公之于众了吗？那毫无疑问是不可行的。但经营管理者也不能撒谎，明明在往东走，却宣称“我们公司是在往西走噢”。所以解决办法是针对公司的明天，说得抽象点；针对公司的昨天，说得具体点。抽象的内容，可以捏出长篇大论；具体的内容，尽量避而不谈。当然在记者招待会等公开场合，不能这么直白地表述。不过话说回来，有关未来的东西本来就是未知的，倘若经营管理者一副胜券在握的样子，去给股东做解说的话，我不敢确定其是否妥当。

其次是面向公司内部传达信息，从我的经验出发来谈一谈。承担起 CEO 重任的那段时期，我没怎么考虑过把自己的经营哲学与员工分享。我更看重的是作为企业的 Top，贯彻自身经营哲学的同时，带领好企业。但从 CEO 的位子上退下来之后，我感觉终于可以畅所欲言，献言献策了。

报道内容是“不可控的”

包括投资人关系、采访在内的面向媒体的信息传达，企业规模越大越发重要。除了宣传部门的实力问题之外，外部媒体对一家企业的 Top 的关注程度也是左右信息传达的一大因素。

面对公司外部传达信息，接受媒体报道后，企业方面会收到很多反馈。但往往企业方面很看重的内容，媒体却不怎么“感冒”。企业方面明明说了很多，实际刊登的内容却少到让人不禁反问“就登了这么点吗？！”这样的情况屡见不鲜。但是，说出去的话，泼出去的水，媒体如何报道是企业方面不可控的。我们能做到的只是放平心态，不多加介意。

说到利益相关者通过何种方式获取公司的信息，其中一个良好途径就是投资人关系部门。

欧力士在投资人关系上投入了很多精力，就是为了让投资机构和个人投资者理解，欧力士一直致力于提高企业的中长期收益。说欧力士是日本企业当中，对投资人关系上最关心的企业，我认为也不为过。至今为止的40年，我们不断公开表示“欧力士将致力于中长期利益的最大化”，“收益虽有短暂滑落，但投资仍在继续”。说得极端一点，这是给短期利益为先的股东暗地发送信息，告诉他们“你不买我家的股票也可以”。只是公司的解释说明，不知道投资人听进去了多少。在面向投资人的说明会上，经常劈头盖脑全是“第二季度的业绩比起第一季度好没好点啊”的提问，甚至不乏“公司手头还剩现金，那就把分红提高点吧”的要求。

现实往往没有企业预期的那么简单。经营方针与投资人的要求之间一定存在着偏差。

深层次的信息难以传达到位

虽然企业方面公开表示希望股东看重企业的中长期发展，长期持有该公司股票。但是，一旦公司上市，公司不能阻止投资人购买股票，任何人都有购买公司股票的权利。我们强调长期发展的方针，短期利益为先的股东的比例却不会因此降低。就连标榜“看重中长期投资”的某些投资机构，也难以“说到做到”。比起公司的远景目标或中长期计划，一些股东更看重企业过去的业绩和眼前的动向。换句话说，他们更关注资产负债表和信用评级报告等客观的数字，并没有理解业务的深层次部分。

还有分红因素的影响。基金经理的分红大多是根据半年或一年的业绩来决定的。投资的公司也许 5 年后会大幅盈利，但“迟到的春风”与他们实际拿到手的分红毫无关系。所以投资人都希望在半年内拿出成果。投资人们摆脱不了这种观念，那也无可厚非。

除此之外，欧力士还拥有自己的职业棒球队，因此经常被人说“因球得关注”。当然从宣传的角度来说，是有效的。不过很难说，那是否成为了股东判断买入与否的标准。

与投资人的关系如此复杂，难以把握。如果经营管理者太过关注投资人和市场的动向，优柔寡断，会对经营管理之根本造成影响。但如果对投资人和市场的需求置若罔闻，任性应对，却不是一家合格的上市企业应有的行为。我们需要坚守公司的经营方针，坚持对话交流。同时必须做好心理准备，如果出现可以听取的意见，必须虚心接受、灵活应对。

总的来说，经营管理者需要坚守根本，并锲而不舍与利益相关者进行对话交流。

第四章　培养后继者 没有绝对正确的道路

不论时代如何变化，对于经营管理者来说，甄选后继者，尤其是“甄选下任 CEO”，是永恒不变的难题。不必多言，首先需要甄选优秀的人才成为后继者。其次需要认识到因为公司形态和历史的不同，导致甄选方式也会不同。

举个例子来说，持续 100 年或者 200 年的财阀企业，多是从董事或是员工之中挑出最优秀的人才成为下任经营管理者。此类企业往往是现任社长职务任期期满后，下一任才接班。

另一方面，新兴企业或是创业公司大多是创业者白手起家，扶持公司走上正轨，并且做大做强。在某个时间节点上就会完成管理者交替。

是提前决定好任期交接？或是看好情势适时交接呢？前者和后者甄选的方式截然不同。但不论哪种情况，都意味着一个艰难的决定。

尽人事，听天命

传统的大型企业大多 6 ~ 7 年进行一次社长交接。稳定的交接并不意味着风险全无。即使是传统的大型企业，交接也不会一直顺风顺水。那还是十多年前了，某家处于行业前沿的化学厂商，一位经营管理者曾救公司于水火之中。在他卸任后，业绩骤降，不得已他又回到经营管理者的位置力挽狂澜。不过也有企业能在不断调整交接方式的同时，保持业绩的上升。

也有这样的例子：这任经营管理者带领企业取得出色业绩，员工支持拥护，那就“再干一段时间吧”。于是延长在任。结果天有不测风云，情况突变，业绩下滑，公司上下慌成一团，赶紧挑个下任，慌忙交接职位。事后自然被人诟病错误判断了交接时期。

还有这样的情况：铁腕经营管理者开拓江山，风光无限，后继者却疲于追赶，难以超越。这样的现象被称为“滑翔理论”。带有引擎的前任者 VS 没有引擎的后继者。如果幸运一点，风力依旧强劲就可继续借东风而上；如果不那么走运，就会从云霄跌落至谷底。这样的例子不胜枚举。总结上述种种情况，我们需要知道甄选后继者没有固定模式，应该就事论事。

对于甄选者来说，最糟糕的是，你以为已经做了充分的准备，但实际被选者坐上管理者位置之后，才发现自己想得太过乐观。就外部来说，经济形势可能今天还一片明朗，明天就晴转多云；就内部来说，可能你才将工作交给被选人，别人却转身就翻脸不认账。各种情况多变，无法预测。

经营管理者中较为常见的一种倾向是：被社长这个位置的责任感压得喘不过气，收紧为防守战略。或者反过来，把自己逼上梁山“我一定得做出点什么”，结果物极必反，表现出过度的变化。而这些变化都是事先我们无法预测的。综合上述来看，前任经营管理者作为辅佐的人，必须得留一两手，以备不时之需。但是该不该留，能不能留，又是各执一词，众说纷纭。

令人遗憾的是，现实往往是经营管理者苦心甄选出了后继者，费心为其保驾护航，结果却差强人意。甄选后继者没有绝对正确的选择，没有可以确保万无一失的选择。我们能做的只是尽人事，听天命。

区别“不得不交接”和“正常交接”

虽然说甄选后继者是十分重要的工作，但社长如果一门心思只想这个事情，日常的工作就无法进行。以我的感觉来说，“脑子里留个空想着这件事”就够了。再以我的经验来说，甄选后继者存在两种情况。一种是发生突发情况的对策。英语当中经常举“如果你被卡车撞了，该怎么办”的例子。第二种是正常的交接，即差不多可以交接时候的正常应对。二者的甄选方式完全不同。

拿我自己来说，1980 年我 45 岁的时候就做了社长，算是比较年轻的。所以一直没有怎么考虑后继者的事情，因为就算我真的被卡车撞了，那时还有前任社长，他身体不错，可以临时接任工作。插个题外话，在我前面的一位社长是乾恒雄先生，他老人家比我年长 25 岁，在董事长的位子上干到了 82 岁。

直到董事长辞世之前，我都没有怎么考虑后继者的事情。但慢慢地，我开始担心，“等会儿，万一我到国外出差的时候，坠机了怎么办”，公司可不能“一日无主”。于是我想了一个办法：出差前递给秘书长一个写有名字的信封，并叮嘱他“我要是有个三长两短，就打开这个”，里面写着“请让 ×× 来主持大局”。最开始是每次出去写一次，回来就销毁。后来觉得每次放来放去特别麻烦，最后就用了同一个信封。虽然出差结束后，我就会把信封拿回来。但确实每次都要担惊受怕一番。

现在可以大方说出口，那时候我写的是比我年长的副社长的名字。他比我早进公司，出现突发情况时，我能放心托付给他。不过需要澄清的是，我并不是考虑到公司未来的发展，深思熟虑后将他定为后继人，才写下他的名字的。

等我开始认真考虑选择后继者的时候，我已经过了 60 岁。那时我的想法和现在完全不一样。当时环顾周围的经营管理者，有些称得上行业老前辈的大人物，在过了 70 岁以后会做出完全不像那个人会做的判断。我不禁怀疑，人是不是过了 70 岁，能力就会下降呢？在这种想法的驱使下，我暗暗地告诉自己，一定要在 70 岁以前完成交接。

回过头去看，那样的固定思维并不正确。而实际情况也是我直到 78 岁都没有完成交接。是没法交接，还是没有交接，总之木已成舟，事到如今，已经无从解答什么才是正确答案。

甄选后继者伴随着孤独。首先你不能和周围人商量，也不能到处去打听候选人的风评。现在有些公司采用听取公司外部董事的意见，但由于公司不同，或是同一公司的不同时期的状况，成效也会有所差异。比如，如果在业绩平稳时提出交接，估计公司外部董事也没什么意见。但业绩下滑的时候却大不一样。这时候，公司外部董事的发言分量加重，很容易出现“不能交给某个人”的反对意见。于是事情的核心就演变成了经营管理者是否能够赢得外部董事的信任，并且如何获取那份信任就变得十分重要。公司应该尽量制造机会让外部董事了解候选人，给以后的交往开个好头。

公司在内部甄选后继者的话，经营管理者已经与候选人打了几十年的交道。而要将候选人介绍给外部董事时，可能会出现被外表、说话方式、演说的好坏等“表面的东西”左右印象的情况。这样的话，就与美国从外部招聘高层有相似之处。美国存在很多猎头公司，介绍管理层给公司，经营管理高层人员从公司外部甄选后继者也是家常便饭。但在日本，只能视为例外。如果有公司这样做，必定会掀起舆论的轩然大波。公司内部人事评选晋级的日本与欧美完全不一样，肯定方法也就不一样。不管何种形式，甄选后继者都是经营管理者的一道难题。

前面已经提过，经营管理者再怎么费心培育后继者，那个人不实际坐上位子，都无法确定后续情况。所以我们能做的只是按照公司的实际情况，做出自己所认为最适当的判断。

把时代的变化也纳入考虑范畴

对 Top 的要求，也因组织的大小出现差异。

小公司的话，提供的商品和服务有限，Top 需要具备事无巨细、盯到实处的能力。就像喊着“冲啊”，亲自带领员工往前冲的队长。

但大公司情况则不一样。Top 需要懂得如何构筑优良的间接管理。大的公司组织内部有众多部门，工作也五花八门。经营管理者不能只负责自己擅长的部分，不擅长的部分就一股脑推给别人。而为了让公司良好运作，以下两件事情十分重要。

一是选人。如何选取最适合各部门的人才管理该部门，给予其多大的鼓励和自由裁量权。

二是用人。作为社长能够多大程度上间接管理各部门。在大企业，学会用人真的很难。如果放的太宽，全部交给某个人，回过神来，自己已经插不上手了。但如果大事小事都由社长的“Yes”或“No”来决定，公司就不能正常运转了。

这样的话，两者的差异一目了然。提供有限的商品和服务的公司，要的是突击队长，亲力亲为。大企业需要的是间接型管理。经营管理者需要思考一下自己的公司更接近于哪种形式。

突击队长的情况不必多言，那么大企业间接管理难在哪里呢？难的是，手下有四五个业务板块，你把当中业绩最好部门的 Top 选为后继者，不意味着可以高枕无忧。有时候，某些业务部门的 Top 在专业领域很强，对其他领域却一窍不通。如果让那样的人管理多个部门，就算他采取擅长的老一套，事事管理到细节，也不一定就行得通。所选之人能否运筹帷幄，纵观全局，你不先试着把权力交给他，也看不出个一二三来。有人会说，那就让各个部门的 Top 实行岗位轮换，积累不同的经验不就好了吗。可说着容易，做起来难。

我曾经想能不能列个条款，就叫“成为社长的十个条件”。不过满足了这十个条件的人就一定能当好社长，仔细想来也不是这么回事。

简洁概括起来，“满足 ××× 条件就可以了”，社长并没有这样的硬性评选指标。而且需要经过时间的检验才能全面评价某个经营管理者，再完美的社长也会被人挑刺，这就是百人百性，众口难调。

选择经营管理 Top 是门艺术

我认为用“艺术创作”来形容经营管理者的选拔，再合适不过了。那个世界没有固定法则，有的是人与人之间的联系。

现在你的面前有五个部门的 Top，五个人不可能是相同的实力，肯定存在参差。有人天生出类拔萃，有人则吃力追赶。所以必须“因才施管”，不同的部门，管理也不尽相同。

也就是说，选拔过程不是事先设定出所谓合理的基准，而是看场合、随直觉，整体进行艺术创作的行为。那个世界什么都可能发生。也许你本以为可以信任 A 百分之八十，B 的话，可以百分之百信任。结果百分之八十的人回过神来，已经信任了百分之九十，这时候就需要适时表扬提拔；而百分之百信任的人反而可能会有恃无恐，捅出大娄子。

所以我认为间接管理是一门无法用语言表述清楚的艺术，需要调动人的综合素质才能完成。从与部门 Top 的关系开始，判断那个人对于其工作的专业程度，判断其适用何种用人方式。部门 Top 也是人，接触下来肯定会有喜欢或讨厌的个人倾向，问题就是能否不受个人情绪影响作出公正的判断。确实，要做到这一点并不容易。

我所讲的艺术创作就是指充分发挥、利用好人才的包括经验、专业、人格等在内的一系列综合素质。

跟随“公司治理”的大潮，现在部分国际化的公司已经规范了选拔制度和机制，实现了经营管理的透明化。但那不是为了“让业绩变好”，而是照本宣科“按机制选”。如果反被机制牵着鼻子走，就是主次颠倒。而实际这样做的公司并不在少数。

说到底，如果是为了做好公司，不一定需要机制，不一定需要彻底的透明性，甚至不需要解释说明。只要拿得出成绩，就没法鸡蛋里挑骨头。反之，宣扬“我们的机制是完美的，百分之百透明”，也不见你业绩怎么提升。这就是典型的输给了机制。机制好公司就好是无稽之谈，终究还是要看公司的营业内容和业绩。

长期以来，我都强调公司治理的必要性，这里又说不需要机制，可能读者会觉得矛盾。但其实，公司治理虽然提倡“捏公司的型”，但并没有说公司只要有个型就万事大吉了。

关于公司治理，日本企业现在连雏形都还没有，大部分企业处于依样画葫芦的阶段，开始捏的有点像样子。但公司治理的目的是企业的成长和稳定，构建公司治理的框架原因也在于此。

第五章　企业对社会真正的贡献

前面几章也有提及，地区社会和国际社会越来越期待企业有所作为。说得大一点，企业作为社会中公开存在的组织，需要对社会和地区做出贡献，这种意识正在被越来越多的人接受。“企业也是市民”的观念肯定是正确的，企业绝对不能做有损、有害社会的事情。但社会贡献并不是简单的搞点志愿者活动、捐点钱做做样子，我认为企业的贡献应该是通过企业活动进行衡量的。

充当了社会的经济部门

最单纯的理解，企业相当于社会中的经济部门。这意味着什么呢？那就是“企业的运作是为了让人们过上富足安乐的生活”。换而言之，企业的责任是创造经济价值。

而创造经济价值离不开市场经济的运行机制。通过市场经济的运行机制，社会创造平台，让企业公平竞争。市场经济是需求决定一切，这也是资本主义的原理。只要做的东西好，就有人买；只要东西有价值，价格高也有人买。于是企业每天努力经营，尽量造得更便宜点，尽量造得更有创意。由此优胜劣汰，良性循环，经济的蛋糕越做越大。

欧力士的注册资金已超过两万亿日元，总资产超过十万亿日元。商业之根本是合理运用资金，创造更大经济价值。此过程循环往复之中，欧力士让约三万三千多名员工过上了安居乐业的生活；循环往复之中，企业的活动得到社会认可，鼓励我们进一步持续稳定地创造价值。我们从全局观念出发，就能看到企业就是这样参与到社会的方方面面，最终达到创造经济价值的目的。这整个过程就是企业所做出的社会活动，是企业对社会做出的贡献。

在这个层面上来说，赤字连连，亏损经营的企业是社会的大问题，连注册资本都保不住的公司只会拖累社会。所以说千道万，好好经营管理公司才是对社会最大的贡献。

欧力士拥有一支职业棒球队，通过体育运动与大家分享欢乐，同时也利于塑造企业形象，可以算作一种社会贡献。但这仅仅是很小的一部分，我想尽可能地用更宏观的视角考虑对社会的贡献。

企业的价值或者说特征，体现在持续创新。拿欧力士来说，往往得到“哟，欧力士的这个很有创意嘛！”的正面评价的，一般也是我们所擅长的领域。当然，不是每家公司都要日日创新。如果是铁路公司的话，它让电车每天准时准点，安全运作就是对社会最大的贡献。

企业与海外的合作是不分规模大小的。一家企业可能与不同的地区、社会保持着千丝万缕的联系。不论是日本还是其他国家，员工都需要努力营造友好、顺畅合作的工作氛围并在其中尽职工作，并且企业所进行的活动必须对当地的经济有所贡献。为了达到前述目的，欧力士不仅在世界各地拥有合资公司，还拥有众多的业务合作伙伴。其中，甚至有交好数十年的公司。欧力士在亚洲的合作伙伴，大部分是家族企业，我与其中很多客户都有两代人的交往。

很多大型企业喜欢频繁更换外派人员或是海外办事处的员工。要知道，海外负责人三年一换的话，很难构筑起深厚的信赖关系。为了维持深厚的信赖关系，总公司的经营管理班底要尽可能亲自前往当地，与合作方面对面交谈、一起进餐。坚持如此，以十年左右为期，方可见到成效。

构筑信赖关系，首先需要是面对面。有时候，因为你和对方的 Top 之间的信赖关系，哪怕有突发问题，也能轻易就解决掉。万幸的是，欧力士没有和合作方发生过不愉快的事情。长年累积起来的深厚关系是一笔宝贵的财富，能为企业和社会带来巨大利益。

企业活动、市场经济和资本主义的当下

我们需要注意到，看待贫富差距的意识在逐渐变化。经济增长为国家带来了财富。为此做出了较多贡献的人会觉得“我付出那么多，理所应当得到这些”。但时代在变化，随着由贫富差距带来的分配不均日益严峻，越来越多的人开始关注这个问题。

关于财富的分配，主要是由政治决定。政府如果贯彻落实“平均分配”的话，社会动荡也会相应较少。拿日本来说，在日本，个人的收入越高，需要缴纳越多的税金。经营管理者当中有很多人为国家贡献着不菲的税金。并且，日本在社会保障方面很注重分配的平均，一定程度上能让人感到社会的公平。反过来看美国，美国的富裕阶层所承担的税金并不高，加之逃税漏税问题严重，分配的大前提遭到了破坏，社会也因此有不安定因素的存在。

经营管理者需要给自己提个醒，贫富差距的扩大已经

成为了一个国际性问题，没有统一的纳税和分配制度，个人和企业都被耍得团团转。面对由此带来的错综复杂的社会性问题，拷问企业的社会性和经营管理者的哲学性的时候到了。不要忘记，投射到企业和经营管理者身上的目光越来越严厉，社会的眼睛在盯着我们。

第二部

企业管理的实践

第六章　不存在让所有人都满意的评价制度

就像公司的管理方式由于组织各异出现不同一样，不同的公司有不同的社风。有人曾问过我，欧力士是怎样的社风呢？我回答不上来，也没有仔细考虑过这个问题。自己感觉是自然而然就变成了现在的社风。但有一点我能肯定的是，公司内部的风气是会随着时代的变迁而悄然变化的。

经营管理学家野中郁次郎先生曾使用“心照不宣”来形容日本企业的特征。在日本企业里，只要相互打个照面，点点头就是“你懂的”。这是由浓郁的、均质的日本文化所产生的特征。这也的确是不可否认的实情。但是，工业化社会已经宣告结束，我们迎来的是知识集约型社会。这种“心照不宣”的风气恐怕也难以持续下去。

知识集约型社会下，企业逐渐国际化，职业种类也逐渐多元化。员工的人种和国籍各不相同，雇佣形态多姿多样，公司早已不再是一个整齐划一的机械组织了。日本企业已经迎来了一个新的管理时代：组织的构建、指导者的资质与条件、对人才的评价等都与从前大为不同，需要我们重新探求与摸索。

“章鱼洞”般的组织注定走不远

在本书的第一部里我提出了圆锥形组织体系的观点。这个想法如果能够渗透到组织内部自然是最好的，但事情往往没有那么简单。

经营管理者需要时常注意组织和人才有没有进入“章鱼洞”。如果经营管理者天真地以为，大部分员工都是站在全局的观点来进行自己的工作，那就大错特错了，那会让经营管理者做出错误的判断。要知道，一旦组织逐渐壮大、各类人才集聚、业务多元发展，员工的视野就容易变窄变小，只盯着自己的所属部门看，看不到组织的全貌。

于是，经营管理者采取各项措施，防止“章鱼洞化”就变得极其重要。比如，从各部门调配人才，组建特别项目小组，或者调动所有部门进行一个业务或者项目。总之，只有时常“折腾”，才能让组织和企业发展壮大。同时，不能忘记按部门业绩论功行赏，或者建立长期绩效评价制度等。

经历了各种“折腾”，员工的视野和实战能力会得到提升，工作方式得以改进。这就是巨大的动力源泉。不仅如此，将这样的劳动习惯植根于公司内部，给每个员工量身定做崭新的工作方式，鼓励其挑战新的领域，就能够挖掘出组织潜在的发展动力。

相信很多人都有这样的感觉：短暂离开自己工作的组织，和其他部门的员工一起工作充满了新鲜感和乐趣。当然也有疑惑和辛苦的成分，但相对应地，学到的东西更多，甚至会带来出乎意料的收获。一直待在“章鱼洞”里，不知不觉中，人就失去了创新的能力。最终，不仅仅是个人，组织整体都不再强势进攻，收紧为谨慎防守。只有跳出“章鱼洞”，好奇地追问“有没有什么有趣的？”“可以和那个人一起工作吗？”才会打开奇思妙想的大门。

为了达到上述目的，经营管理者需要不断向员工灌输“组织不是平面的，要把它看作圆锥体”的思想。我并不是说，把自己的工作范围划分好、把权限职责划分好是错误的。但做得太过，就会失去与周围的联系，停留在自己的世界里，圈出一片舒适圈，“只要这些不出岔子就行了”。

我以前曾提出过一种想法，“站在自己上一级的位置来看问题”。具体来说，如果你是课长的话，就用部长的眼光来进行工作；如果你是部长的话，就用本部长的眼光来进行工作。站在自己的上一级来看问题，就能看见组织的全貌。最终，最理想化的是所有人站在经营管理者的视角来看待组织。不说远的，至少先学会站在自己的上一级来看问题。那样就能防止“章鱼洞化”。在构建组织、培养员工的层面来说，这是个简单却行之有效的方法。

作为经营者，要注意组织有没有进入“章鱼洞”。如果可能的话，也要帮助员工摆脱“猫耳洞”意识，这不仅有利于员工自身的成长，也能良好刺激僵硬的组织结构。

什么叫“猫耳洞”？一个企业在成立后，首先就要制定组织结构，明确各部门的责任，所有员工都要在这个组织结构里活动。对于员工来说，进入公司后，首先就被要求看组织结构，明确自己的位置和活动范围。然后呢，员工就会开始“挖洞”，挖“猫耳洞”，告诉自己要“保卫自己的阵地”，只偶尔探出头来看看四周，不愿意与其他同事互动，仿佛旁边“战壕”里不是同事而是敌人一样。

他们认为自己与其他部门的同事毫无关系，所以要保持一定的距离，只有在利益冲突发生时，才会在第一时间跳出来保卫自己的阵地。是动物就都有保护自己地盘儿的习性，所以即便是生活在人类社会，一个组织里也很难摆脱纵向结构思维和意识。尤其是在日本，不想变化、不能变化的意识非常强，每个人都想尽可能地维持现状，维持对自己有利的结构体系。

但是，随着国际化的不断深入，企业间的竞争变得越来越激烈。如果同一公司里“部门主义”过强，就会严重影响公司的整体竞争力。

如果公司里各部门信息共享，不论在商品开发部门还是营业部门都最大限度地通力协作，那么这个公司就能发挥出综合实力，更上一个台阶。

欧力士也在一直不断地尝试打破这种“部门主义”，哪怕这种尝试经常以失败告终。要让所有员工都从“猫耳洞”里走出来，增强各部门的协作精神，也是经营者的责任之一。我在欧力士的做法是，让全体员工都通过全国营销网络来推销集团内的所有产品和服务。在这个过程中，欢迎互相“侵犯领空”。我相信这样做，能够激活集团的国内外营业，有无限大的空间供其发挥。

管理者需要打磨人格魅力

我曾经被别人问到，作为高层管理者，什么样的品质最重要？

公司的规模越大，组织和业务也会越复杂。所以答案并没有那么简单。因为随着公司的经营状况和经济环境变化，变与不变，两者皆有。

说到“变”，拿我自己来说，我也曾思考过经营管理的方法，以及经营管理者的存在方式，但那些曾经的想法放到现在已有所疏异。

说到“不变”，我想是专业性和真性情。首先是专业性，拿欧力士来说，事业多元化发展，各个领域的专业性都在逐渐增强。经营管理者只有具备专业性，做得出指示，才能运作组织、发展组织。而说到真性情，环顾四周，缺失真性情的管理者不在少数。包括欧力士在内的很多日本企业，除了本国员工以外，还有各个国家和地区、各种国籍和人种的员工。在日本员工已经安然入睡的时间段里，地球另一端的员工正在挥洒汗水，努力工作。面对人数众多而且背景多样化的员工，如何才能构建起信任，能让大家心甘情愿地追随呢？我认为，答案是发挥管理者的人格魅力。企业规模较小的时候，大家抬头不见低头见，彼此熟识。但随着公司成长发展，逐渐国际化，小范围的“人格魅力”需要变成国际通用的“真性情”。

那什么是真性情、有魅力呢？归根到底，就是要有血有泪。有血，指的是需要拥有热血的灵魂。悲伤时哭泣，开心时欢笑，时刻都能迸发出激情与魄力。当然，性情太过了，就容易变成“傻白甜”，那是无法经营管理好公司的，正确判断时情的能力也是必不可少的。

一说到经营管理所需要的素质，我就有些收不住了。人无完人，世界上不可能存在完全符合经营管理者条件的人。太过严苛地要求经营管理者去满足所有的条件是不现实的，现实点的应对方式就是设个及格线，看情况适当折中。

一般来说，一个团队或者一个企业里，会有各种类型的人存在。他们当中有才华出众的，也有能力平庸的，有干劲儿十足的，也有萎靡不振的，有协调性好的也有不好的。这就考验领导者能否让每个人都各司其职、各尽其才。有一点可以肯定的是，领导者的专业性和人格魅力越高，企业或团队的工作业绩就越高。

一名合格的领导者，要能调动起每名员工的积极性才行。要能让所有人都拧成一股绳，要能将团体的力量发挥到最大。企业的根本是人，是以人为单位组成的组织，所以做领导的，不可避免地要提高自己的人格魅力，这样才有约束、领导大家的力量。

如此重要的人格魅力，该怎么提高呢？我的诀窍只有一个，就是不断积累人生经验，保持对他人的兴趣，不要凡事只想着自己。

要做到这一点，最好能有一个明确的人生目标。想清楚自己想度过怎样的一生，想成为怎样的一个人。关爱他人、尊重他人，正是不断完善自身，让自己成为一个合格领导者的必要修炼。

“反正我无所谓”“反正我这一辈子就这样了”，抱着这种自暴自弃想法的人，又怎么可能真诚地对待周围的人？而努力生活、奋发向上的人，则会带动周围的人一起真诚、上进，那种热情与努力能够感染周围的人，让周围的人信赖他，并与他产生共鸣。如果是在一个团队里，就能带动团队拿出最好的工作成果。

优秀的领导者都有一个共通点，就是能自然而然地流露出人格魅力，不用特殊手段也能带动周围的人，很容易让团队出成果。

要做一名好领导，其实真没什么捷径，这一点早明白比较好。你能够做的，只是不断提高自己的专业知识、培养自己的判断力，真诚积极地做人，在人生道路上努力前进。

混杂时期的评价制度

人事评价目前处于混杂时期。何出此言呢？我们先来看，如果是过去整齐划一、均质机械的日本企业，经营管理者和中层干部拍拍员工的肩膀，意味深长地说句“加油噢”，员工也就懂了八九分。虽然交流的话语极少，但一个动作就能够心领神会，而且你就算不说，员工也会自觉地积极工作。那现在的情况又是如何呢？现在的年轻员工，上司得追在屁股后面，定期搞面谈，耐心地解释说明才行。

时代开始要求建立一套使用语言和客观数字来进行评价的制度。为了完成新时代的评价制度的构建，在公司内部，信息需要更具透明性，经营管理者需要承担更多责任去解释说明。还需要编写统一的指南，照着指南来指导面谈和评价，不然肯定会有人抱怨。

现在的情况是有的员工持有过去的价值观，能够心领神会；有的员工则更重视新的价值观，两者混杂在一个企业的内部。而摆在眼前，需要看清的一个事实是：保持二者平衡，实现让所有员工心服口服的管理正在变得越来越难。

管理层和上司需要时刻保持人才多元化的视角。有些员工积极挑战新工作，挑战新课题，你需要肯定他们的大胆创新。但同时不能忽略脚踏实地工作的另一类员工。正因为现在是人事评价制度的变革期，才更需要不偏不倚，不抛新不弃旧，冷静地去判断。

工业化社会每天定点上工、开动流水线、定点下工。以此为前提的旧式的人才管理已经落后于时代。但也不能彻底大换血，全盘推行重视创新的知识集约型社会的方式。那样会让员工产生不安的情绪，“我们公司怎么越走越奇怪”。有时得不到员工的理解，还会带来变革的“副作用”。

辞旧迎新的同时，还需要我们“持”旧迎新。

经营管理者还必须注意到员工的意识变化。在第一章我曾提及雇佣形式的多样化。欧力士拥有较为多样化的人才，有的员工认为“公司大过天”；有的员工不局限于雇佣形式和身份，“觉得工作没意思了就跳槽”；还有的合同制员工认为“合同期满就卷铺盖走人”。不倾听他们的心声，不关注他们的意识变化来进行管理和培养的话，难有成效。

今后，多样性将会成为企业生存下去的关键。各种不同意见相互碰撞，往往能给企业带来意料之外的好点子。企业的成长离不开这种多样性，所以在培养人才的时候也不能标准太过统一。

作为经营管理者，在听到不同意见时，不能下意识地全盘否定或排斥，要灵活对应。这样不仅能扩展自己的思维空间，也有可能从中看到更多的商业机会。如果大家都意见一致，就没有新的发展，也失去了意见交换的意义。但如果一开始是在讨论 A，谈着谈着就变成了 B，也同样是浪费时间。这就要求大家焦点明确，尽管百家齐鸣，富有多样性，也始终不忘朝着一个方向努力。

日本社会的特色，就是不喜欢“特立独行”、不喜欢与众不同的意见和人，大家总想着要保持一团和气。在企业里也是一样，上司也要求员工们团结一致，所以导致日本社会缺乏多样性。但是，在今后的后产业化社会，也就是知识集约型社会，只强调意见统一的企业反而很难生存下去。我希望当上面说“向右转”的时候，也能看到几名“向左转”或“向后转”的员工，因为这些持“不同意见者”会为企业带来一些新的刺激。

作为管理者也要注意，不能流水线般地培养人才，不能把多样性的员工和其他员工放在一个模子里。企业要想打破僵局，创造出新的价值，就得改变让所有人按照同一种模式干同一类事的固有立场，别用老方法扼杀了好不容易才出现的多样性人才。对待多样性人才，就要因地制宜、因材施教，如有必要，甚至可以从业务分配和工作进度上入手，改变内部工作环境。

按公司惯例工作的时代已经结束

时代变化，经营管理者也需要注意员工的意识变化。

以前的日本企业里，员工大抵容易受公司的惯例影响。“和我一起进公司的人多着呢，反正没什么好怕的”“公司差不多三年调动一次部门，眼下的这个位置估计也就三年吧”“奖金和工作年限、等级肯定是挂钩的”等。这样在组织里给自己定个框来工作的员工不在少数。一旦习惯成自然，工作方式一成不变，新想法和新挑战就没有了萌发的土壤，公司的业绩也不会有所增长。

人事管理和评价制度有时确实十分复杂棘手。经营管理干部需要关注员工的意识和想法，考量各异的素质，分配不同的工作，相应地进行管理和培养。想来，有员工喜欢在公司和组织定好的框架里工作，喜欢穿着“发给的制服”工作；也有员工认为新的工作和业务才有价值，喜欢“量身定制”。两种员工都存在于公司内部，至于所占比例，各家有别，大致接近于各占一半。

两种员工各有千秋，作用不同。首先，经营管理者需要做的是让两者共存，不能让两者对立。当然，有时难免发生冲突，经营管理者需要让两者并驾齐驱。不过，如果最终目标是实现中长期的发展，那么带领员工逐渐向量身定制的阵地转移才是时代的潮流。转移的速度同样各家有别，但有一点是肯定的，那就是如果按公司惯例来工作，很难再产生新的价值。

话虽这么说，但也会出现超越公司本身框架，难以应对的情况。拿欧力士来说，欧力士内部拥有处理投资银行业务的人才。这行的行情就是做得好的话，周期短、报酬高。大型的传统组织对此很容易“水土不服”。如果人才极其优秀，看重工作成果和所得报酬，可以想象就算企业下血本也不一定能满足对方。但也不能就像其他大型投资银行一样，以亿日元为单位去给报酬，那肯定行不通。不少企业都面临着这样两难的问题，只能绞尽脑汁，各自寻找解决之道。经营管理者必须认识到摆在面前的是天平的两端，一边是人才，一边是报酬，孰重孰轻会极大左右结果。

伴随着欧力士的上市，社会知名度越来越高，因为追求稳定工作岗位而前来求职的年轻人也多了起来。有不少应届毕业生在进入欧力士后都会跟我说：“非常庆幸自己进入了一个好公司！”说实话，这话听在耳里，我一点都不惊喜。在我看来，这都是态度不慎重的表述。找到一个工作岗位不应该是奋斗的终点，而是刚刚站在了起跑线上，就业后是否努力才是影响后半生走势的决定因素。如今的日本社会非常安定，特别是在经济腾飞的年代，终身雇佣、年功序列等制度都保护着上班族。但我不禁想问：这样的招聘模式真的适应时代发展吗？

其实，欧力士也未能免俗。就如同全国大多数企业一样，欧力士也会在每年 4 月迎来自己的新员工。不过幸运的是，欧力士已经在朝着积极的方向变化，录用有过工作经验的员工人数远远超过了录用应届毕业生的人数，这些人在中途进入欧力士，不用参加任何形式的就职仪式和研修培训。我由衷地期待着这样的趋势能够日益扩大。

如今，在全球范围内，全国各地同一时期以同一种形式举行就职仪式的国家，恐怕就只剩下日本了。日本企业应该尽早觉悟，现存的招聘模式已经与全球化商业模式格格不入，到了重新思考这样下去还是否能适应全球化竞争的时候了。目前有一部分专业性强或者是创新型的企业已经采用了这种方式，我相信大企业和老牌企业也会渐渐采取这种“量身定制型”的招聘方式。

就像公司主要的业务随着时代变化而变化，公司和公司内部的人才之间的关系也需要适时而变。但需要注意过犹不及，不能变得过快。有人跟不上改革的步调，还会出现用药过猛的副作用。企业的规模和员工的意识，需要逐步磨合，去适应新的制度。

第七章　销售额增长 ≠ 公司发展

企业的经营管理之中，绝对不可少的就是把握财务状况，进行战略性判断。说到财务这块，项目和指标非常多。经营管理者看的是哪个数据，以哪个数据来判断，以哪个数据为目标，不能一概而论。在过去，制造业为主体的工业化社会的时候，销售额、行业市场占有率等代表规模大小的数据被视为重中之重，现在仍有企业不减当年热情，依旧很看重这几个数据。但社会的服务化在推进，知识集约型社会看重的是附加价值，在这样的时代里，很难再以

“不变”的思维应对“万变”的局势。

日本企业当中存在一个不可思议的现象，那就是，并不是所有经营管理者都充分认识到了财务的重要性。特别是制造业，很多经营管理者标榜“对于技术，我可什么都懂”，而公司财务却撒手交给财务部门负责人全权处理。就算以国际眼光来看，这样只重技术忽视财务的经营管理者也是极少数的。

过去的话，日本的大企业多半是互相持有同系列企业集团的股票，并且资金面多由专属银行制度（Main bank system，日本特有的一种制度。企业常年与特定的某家专属银行保持密切业务联系。银行除了单纯向企业提供资金外，还往往会提供金融、经营方面的咨询建议，或者持有客户企业的股份。当企业出现经营困难时，专属银行往往会伸出援手。日本社会中的这种制度最近在逐渐松动。——编者注）来支撑。财务方面，银行的小伙伴可是帮了很大的忙。但是，随着金融呈现多样化的发展，在新的时代，财务演变成了经营管理的中心课题，是帮助企业在国际竞争中取胜的专业知识，可谓“懂财务者得天下”。

净资产收益率（ROE）替代销售额用来评价企业，是一个重要的国际指标。简而言之，就是股东投给你的钱，你能给人家拿出多少利润。净资产收益率越高代表企业经营管理越高效。一个企业需要完成的第一道财务题目，就是如何使净资产收益率在中长期保持令人满意的水准。

当然，这并不意味着净资产收益率越高越好。企业只要尽可能减少股东投入资金，通过购买自家公司的股票，从而减少放出的股票数，就能瞒天过海，人为拉高净资产收益率。就是用口袋里的钱去减少资本分母，这个财务魔术可称不上是有效的中长期的经营和管理，从长远来看，是无法使企业成长和发展的。

净资产收益率之所以重要，是因为我们不能光看销售额，还要看盈亏底线。彻底管理企业中各个部门的盈亏，把盈亏底线拉高，就能拿出令人满意的净资产收益率数据。所以经营管理者需要把整体的净资产收益率分摊到各个部门，作为收益指标来分配任务。这样的话，各个部门的Top可以成为公司收益管理的一部分，成为与主体相关的一分子，继而推动公司整体达成净资产收益率的预设目标。

还有一种方法就是计算预计资金需求量，欧力士和很多企业都在采用。就是要计算出各个部门到底用了多少资本，不搞清楚这个数字，就无法设定合理的利润指标，无法实现高效的经营管理。在切实计算出预计资金需求量的基础之上，制定出目标利润，继而给公司内部设定相应的目标。明确算出用多少资本，创造出多少利润，这样一来，各个部门完成指标，公司全体就达成了目标。

通过预计资金需求量给企业做体检

欧力士一直以来都是借助知名信评机构等的见解，计算出预计资金需求量，并不断构筑相应的机制，按照现实情况进行调整。对于企业来说，资金是经营的基础资源，各个部门在此基础上支配资金，用于各自的经营管理。一旦预估错误，后果不堪设想。而在不断学习的过程中，欧力士逐渐学到了几家信评机构的评估手法。在掌握了那些复杂的判断方法和计算公式的基础之上，根据公司内部的业务情况来估计，并且实时运用。切实执行的话，就不会做出错误判断，造成严重的资本损失。这个方法我们已经实行了很多年，并且每年都在进行完善。

那并不是简单计算出各个部门的净资产收益率，而是包含了许多微调在内。比如，利润不高的业务板块，就减少一部分资金；市场前景好，客户评价高的业务板块，就着重投入一些资金，如此推动企业稳健发展。2008 年席卷全球的金融危机留给了我们深刻的教训，天有不测风云，为了应对经济形势变动和信用紧缩，欧力士在预测资金需要量的时候应该更加谨慎。为了不重蹈覆辙，有所准备，需要谨记平稳而高效的经营胜过一切。

近年来，越来越多的企业开始关注预计资金需求量这一概念。每天给企业体检才能保证有效。首先，在财年初期预估资金需要量，并制定相应的利润任务；然后，每个月检查是否运作正常。经营管理者在把握公司整体的情况下，了解每个部门的进展状况，总结出不足之处，制定相应的对策。不断重复此过程，才能修筑起稳固的轨道，让企业成长与发展。

锻炼敏锐的财务感觉

我认为，经营管理者引导企业的成长，需要不断锻炼，让自己拥有敏锐的金钱感觉、财务感觉。如果经营管理者不熟悉这方面内容的话，找一个能够全盘托付于他的财务参谋较为理想。关于本田，我曾经听到过这样的轶事。本田技研工业的创始者本田宗一郎先生一头扎在技术开发里，把经营管理全权交给二当家的藤泽武夫先生。藤泽先生从资金面的角度出发，掌握项目生杀大权，判断本田先生想做的事情是否可行。求得此参谋，夫复何求。但现实是残酷的，很多企业往往是经营管理者大手一挥，财务负责人就要费尽心血，制订资金计划以完成老板的指示。

当下，时代所需要的是能为企业制定财务战略的首席财务官（CFO）。但也听说过首席财务官听起来“高大上”，其实有的时候，工作内容和会计主管相差不大。随着时代发展，会计主管的工作极大地依赖信息技术，需要其具备分析能力，根据数字做出恰当分析和经营决断。这才是企业的财务负责人——首席财务官，或者说经营管理 Top 所需要具备的技能。

拿欧力士来说，欧力士的业务多与金融有关，公司内部自然拥有很多熟知财务的人才，甚至可以称他们为专家。与财务相关的职业需要理解运用数字计算来进行管理的必要性，并积累较多的专业知识。

但是，职业不代表一切。想想美国的硅谷吧。硅谷是创业投资的摇篮，众多新兴技术都是在那里诞生的。不要以为硅谷仅仅是技术者的天堂，其实硅谷也诞生了众多风险投资人。风投人在当地对新技术的潜力进行恰当的评估，才会有那么多的资金得以投入创业公司，最终流入研究所和工厂。另一方面，创业公司的经营管理者已经有了技术背景，他们可以进入研究生院深造，学习 MBA 课程，从而获取财务知识。

过去的美国也分得很细。技术是技术，财务是财务。前几天，我有机会观看了华特·迪士尼先生的纪录片。迪士尼先生当初一心研究如何拍摄电影，由他的哥哥来负责掌管财务，在资金方面帮他善后。情况可想而知，公司情况自然一团糟。

技术与财务分家的时代已经过去了，现在我们需要的是优先数字与计算。最后，给日本的风投人和技术人员提个醒，“懂财务者得天下”。不论是从学术性知识层面，还是体系层面，日本都已被美国甩在身后。

第八章　你制订的经营计划真的有意义吗？

在制订企业经营计划的时候，无须赘言，首先需要立足于自己公司的战略。其次对于经济大环境的认识和预知也是极其重要的组成部分。经营管理者需要秉持自己对时代的认知，预测经济环境的变化，坚持自己的见解。

针对宏观经济的动向，这里先浅谈几点，具体内容放在第十四章来论述。当下的日本，消费税增长已经是人人皆知的趋势，但经济政策难以解读仍是一个无法回避的事实。作为业内人士，我可以肯定地说，金融是十分容易被政策左右的。所以不可能自己公司随便预测五年后的经济政策，然后制订一个差不多的计划，那是一种错得离谱的做法。

有了以上的先决认识，让我们来思考一下，我所在的金融系企业，应该如何制订经营计划。我认为尤为重要的是善用机会主义，看清时事变化，找准自己的位置。拿欧力士来说，众多税收制度中，只要变了一个，金融业务的推进方式就需要相应地做出调整；波动的利率，只要变了一点，就需要采取相应措施，实时应对。比如，现在的负利率，可谓谁都无法预料。

对于经营管理者来说，切忌武断行事，那样舵就掌不好，船就要翻。在时代的洪流中，需要学会弹性应对，避礁石、躲险滩，让自己的公司获取最佳配备。

当然，行业不同情况不同。有的公司制订发展计划，一步一个脚印走；也有类似于铁路公司的企业，需要同步跟上国家政策，从政府那里借双“千里眼”，预测到三十年以后去修建新干线。

顺便说一下我自己的情况。在欧力士工作这么多年，我一次都没有认真制订过长期计划；从来没有拘泥于计划，死跟着计划走过；从来没有订了个五年计划，原模原样执行完毕过。因为我一路走来，沿路都在不断开拓新的事业，创造新的价值。计划是死的，人是活的。具体表现之一，就是在日本泡沫经济期间，欧力士较早地从房地产行业抽身，泡沫经济破灭后所受到的冲击也相对较小。

事实上，直到泡沫经济中期，欧力士都和其他企业一样，在泡沫经济的激流中滚动着前进。那是一个没经历过的人无法想象的年代，社会上充满了这样那样的发财之道，似乎做什么都能大赚特赚，有很多都可以说是脱离常理、荒唐至极。在这样一种看似大好的形势下，作为欧力士的CEO，要喊“前进”那真是一呼百应，要喊“撤退”却是会遭受质疑的。

截至20世纪80年代中期，欧力士都在大力开拓房地产金融业务，面向个人消费者提供住宅融资服务，面向企业提供房地产信用贷款服务，当时单身公寓投资领域也呈现出利好势头。看到公司在房地产金融领域业务日益扩大，咨询顾问公司都来谏言，建议可把眼光瞄准国道一号线沿线的房子，不必在意地段如何，抓住什么就买什么。公司认为这种做法已经脱离真正业务的范畴，便予以婉拒。不想，今天遭到拒绝，明天又登门，不厌其烦地费尽口舌建议进军单身公寓市场。

进入80年代后半期，整个金融界爆发全域性的“借贷竞争”，欧力士也未能幸免，被卷入其中。这场风暴是租赁公司、住宅金融专业公司和银行之间的融资竞争，可谓金融版的“三国演义”。竞争愈演愈烈，原本应严肃、苛刻的融资条件变得越来越宽松甚至不合常理。日本社会也是光见股市和房地产价格疯长，物价并没有随之增长，是很奇怪的现象。为此，我当机立断，在公司发布内部指示，要求收紧房地产金融业务。

号令一出，立刻遭到公司内部的强烈质疑和反对。以房地产部门为中心，呼吁撤回缩小房地产金融业务号令的呼声四起。反对者们亲眼看见业内其他竞争对手纷纷大步朝前迈进，无论如何不可能接受自己公司不按照计划前进。

但是在我的坚持下，和同类企业相比，欧力士提早一年明智地撤出房地产市场，总算安稳渡过了危机。伴随泡沫经济的终结，经历了动荡不安的金融界已经是遍体鳞伤。负面影响也开始波及证券公司和银行，不少昔日的同行和竞争对手都不堪重负，被迫倒闭。

当然，如果现在全球爆发了比2008年雷曼危机还要严重的金融海啸，全世界都将笼罩在一片乌云之中。哪怕你的经营计划做得天衣无缝，仅凭一家公司，不可能只手翻云覆雨，与大环境抗衡。但若能够始终保持头脑冷静，带着一种危机感正确“解读”时代，及时修改计划，采取敏捷的行动，至少可以比同类企业在很大程度上回避风险。

要有“高瞻远瞩、未雨绸缪”的意识

如果你问我，大环境出现变化或者在经济不景气的时候，什么才是最重要的呢。我会回答你，要努力保持自己不是处在最下游，而是处于上游，使自己保持相对的有利位置。就算无法实现绝对发展，保持相对有利的位置，对于抓住下次进攻的时机也是大有裨益的。

而保持在上游的“浮力源泉”就来自研究与开发和对新业务的投资。建立相应投资机制，实现良性循环是十分重要的。虽然有可能竹篮打水一场空，但是只要能从中研发出新的技术和产品，就有可能实现下一阶段的发展。

具体到服务业和金融业的话，就需要我们试着去探求新大陆，把可能蕴藏着黄金的土地按顺序排位。即使无从知晓能否成功，但都需要我们从利润中匀出一杯水，作为对未来的投资。那样才能孕育出挑战的土壤，才能萌发新芽。同理，制造业厂商也是一样的，需要时刻做好准备，将资金注入研究与开发，维持运营发展。

有些公司需要苦苦坚持，左等右等才盼来的利润。这样的公司是无力承担预期投资的。为了避免进入那样的窘境，需要积谷防饥，把预期投资写进经营计划之中。比如，如果预期要达成的利润率为 10%，则需要将用于新业务开发的部分也考虑进去，把利润目标定位在 12% ~ 13%，其中的 2% ~ 3% 必须保证用于开发新业务。就如何分配经营管理资源，计划阶段就需要看得长远，未雨绸缪。从这层意义上讲，利润和剩余资金是“多多益善”的，而且要尽量投入到多样的方向、项目上。

经营管理者需要秉持预期投资一定会得到回报的信念。还要明白，并不是把钱投进去了就可以。为了“钱有所值”，必须选拔合适的人才，花费相应的时间，构建对应的体系。

第九章　开展新业务时要做好撤退的准备

作为经营管理者，开始新的项目和业务的时候，踌躇犹豫，迟迟不敢喊开始，这样的经历相信你也有过。

叫停的时机很关键

开展新业务，其实也是对管理制度的一种考验。对于经营管理者来说，下命令、喊开始比较容易，一般不会出岔子。难的是判断在什么时候叫停。叫停的时机的判断，非常考验经营管理者的水平。新的尝试，新的挑战，大多不可能马上成功，甚至是失败的比例比成功的比例要高得多。这就需要经营管理者炼就一双火眼金睛，预测走向。如果明摆着是死路一条，就更需要在给公司造成巨大损失之前，及时叫停，及时踩刹车。反之，如果通行顺畅，则需要建立切实的后援体制，为其保驾护航。

谁都希望自己经手的项目能够进展顺利，哪怕磕碰了点，也大多会认为只是眼下不顺罢了，将来肯定行。项目被叫停，对于负责人来说，无异于否定了他的人生。而这个叫停的“坏人”往往必须由经营管理者来做。经营管理者必须冷静地作出判断，还必须照顾到负责人的情绪，鼓励负责人，“项目不错，你辛苦了，谢谢”，让其能够保持信心，重整情绪，积极地投入下一项工作。

撤退的决断才是经营管理者责任的体现。相比之下，开始只是一个很小的决定。其实，在开始之前就喊停的例子也不在少数，因为不开始意味着零风险，是最安全的。但我觉得那样很可惜。商机在向你招手，你需要做的不是视而不见，而是切实控制好随之而来的风险，大胆开始。而且对于很多员工来说，不断挑战，工作才充满乐趣。很多时候，相信“车到山前必有路”，坚持之中就看到了突破口，假设之后一切顺利，在只带给公司很小损失的前提下，还把公司带到了上坡路。反过来说，只要发现市场比预计的要大，有成功的可能性，就应该大声喊出开始。

当然，我也曾经犯过很多次错。在进攻还是撤退的关口，做了错误的选择，甚至也有过明明叫停更好，我却鲁莽喊了开始的教训。

重要的是，让员工一直敢做“吃螃蟹的人”。如果可预见不会成功，但出于某些理由没有及时叫停，使公司蒙受了损失，负责人就会变成众矢之的，“看看他，都干了些什么事呀！”看到这样的“前车之鉴”，其他人就会惧怕风险，不再尝试。所以需要在事情还没有完全失控之前，由经营管理者作出决断，在恰当的时候，拍拍负责人的肩膀，给予安慰。

令人发愁的是，判断新尝试能否继续下去，经验往往派不上用场。前面的挑战者不多，例子又不尽相同，“那时候也是这样”的想法往往行不通。这些都是经营管理者需要做好的心理准备。

与其妄谈五年后，不如好好保驾护航

前面部分，我们讨论了撤退的时机问题。那么，在开展新业务的时候，该如何做出判断呢？在我看来，说得纯粹点，心态很重要，看起来很有趣，不如抱着试试看的心态。从经营一线总是会传来很多意见和建议，面对这些想法，需要在可行范围之内，先让员工试试看。实际上，商业想法多是来源于“这个看起来很有趣”的灵光一闪，而不是来源于以严密可靠的数据为基础做出的提案。员工也是同样的，比起“有市场，试试呗”，他们更愿意“有趣，试试吧！”

新的业务，并非只与对此感兴趣的人才有关。企业的各个业务领域都蕴藏着新的种子，最懂挑选种子的农夫就是负责该领域的部门，走在一线的部门往往可以诞生新想法，新挑战。

考验管理机制的时候到了，如何尽快发现有希望的新的业务和服务呢？经营判断一旦出现偏差，死抱着毫无希望的业务，“再试试，再试试”，做出错误的判断，就会大大浪费时间、资金和人力。如前面所述，需要倒车的时候，你轰一脚油门，只会让企业损伤更重。我反复提醒大家，因为这点真的非常重要。

其实，审查新业务的经营计划，才是最大的炼金石。当然新业务不去做，谁都不知道结果。但能够多大程度上认真地制订计划，才是第一道真正的难关。我们可能已经听到耳朵都起茧了，新业务的负责人边放 PPT 边说“三年之后，这项业务会超过公司内部的平均利润水准”。以后的事情，你说的再多也是枉然，因为就算是实际负责新业务的员工，也是惴惴不安的，担心第一年到底能否找到销路。明明起飞才是最难的，而你来和我谈五年以后会怎么样。就算如期进展顺利，但不观望个二三年，也很难判断之后的走向。

审查经营计划，不是为了挑刺，让负责人紧张，而是让其认识到，如果前面没路，走下去不会成功，也不会长久。如果业务走上正轨，就需要加紧后援，鼓励其说“再给你添点人手，加油干”。原则就是放大成功，缩小失败。而且，一旦放手开始做了，不能就扔一边，不管不问，经营管理干部需要时不时看看，仔细听听，进行到哪儿了，进行得怎么样了。

拍板的经营管理者也不能闲着。如前面谈过的，为了留出投资新业务的余地，需要把利润的任务目标调高一些。为了实现可持续增长，盈亏底线也很重要。比如，这季度的利润目标是 100 亿日元的话，下季度就需要把盈亏底线提高到 120 亿日元。负责的董事和部长等需要制订相关详细计划。

这样一来，不论哪个业务板块，不创新就无法达成目标。自然而然，在充分考虑已有业务的基础上，眼光就会逐渐投向可以获利的新业务领域。“不新则亡”的焦躁感对于企业来说，其实是力量的来源。人是有惰性的，一旦松懈，就会觉得“这样也就行了”。经营管理者需要采取相应的措施来改变那种安于现状的动向，这里的措施就是开拓新业务。

经营管理者不能任性地否决提案，“看不懂写的是什么，做什么做”。我也收到过自己看不懂的提案。在欧力士内部，为了开拓新业务，我们聘用了很多专家和拥有各种经历的人才。和这些员工进行各种对话的过程中，会扩展经营管理者的商业视野。哪怕某个提案上层无法理解，但懂的人，想做的人会越来越多。

持续开拓新业务，具有多重效果。首先，是让“不新则亡”的风气在公司内部扎根。那样可以消除惰性，不会人云亦云；其次，公司内部的专家会越来越多。开拓某项新业务，有关这个领域的知识和技巧得以引进与积累。那对于公司来说，是无比宝贵的财富；还能更新组织。每次组建特别项目组的时候，都会产生人才交流，触发新构想。经营管理者为了将这些效果发挥到最佳，需要适时作出恰当的判断。

成功的关键在于热情

在这里，我打算以欧力士为例，谈谈成功的要素。

欧力士非常重视开拓新业务，只要发现萌芽，就给予甘露；只要是有发展可能性的领域，就会成立相关的正式业务部门。比较幸运的是，到目前为止，欧力士里运营到了一定规模和水平的部门，从没有出现过大的失败。如同前面所说的那样，我们贯彻的是见“坏”就收。所以在升级为正式业务部门以前，一般该业务都已经能保证开始盈利了。比如，环境能源方面。欧力士本来并没有这方面的业务，当初，预想到电力市场开放，公司有员工打起了太阳能发电的主意。因为行业特殊，需要相关专业知识，当时就从外部招聘员工，组建了新的队伍。现在业务越做越大，除了太阳能，还有风力发电、蓄电池业务，甚至扩展到了地热发电。回过头去看，这项业务发展到第三年的时候，开始有点“生意”的样子；五年过去了，现在已经成为公司常规的业务板块。

但是有一个大前提，那就是随着公司的成长，部门的规模必须能带来相应程度的利益。另外，撤退的时间点也需要具体问题具体分析。何时应该扩大业务，何时会扭亏为盈等，业务领域性质不同各公司也会有所不同。

有时候，黎明前的黑夜是最漫长难熬的。比如 20 世纪 80 年代前半叶，可以说全球船舶的财源都掌控在日本人手上，银行、商社、租赁公司三足鼎立，占据着全球市场份额的一半以上。

然而，船舶市场沉浮不定，1983 年，船价突然暴跌，行驶在全球海面上的船只数量明显过剩，船舶的不景气时代到来了。对于当时的欧力士来说，这是继石油危机以来的第二次严峻的考验。

对于海运公司来说，不仅是船价暴跌，就连船票和运费都开始直线下滑，自然就交不起租赁费了。公司一方面应客户要求降低了租赁费，一方面派出员工分头前往各地，确认船只的实际情况，万不得已为了回收债权就只得将船只运回来。

为了抢占先机，我们做出了周密的安排，详细调查了哪艘船将在哪个港口停泊等，并前往管辖地所在的法院提前办好相关手续。最关键的，还是要带一批专业的船员去，以便在依法履行债权回收手续后，可以立即将船上的船员都换成自己人，直接把船开回来。

那次债权回收真是船舶部门全员出动，有的客户对我们的员工揣着明白装糊涂，还有的客户甚至对我们的员工威逼胁迫。尽管如此，依靠一线员工们的巧妙周旋、灵活应对，我们还是打了一场漂亮的“回收战”，所有船只都收回来了。

我当时只有一个念头，就是说什么都不能贱卖这些回收上来的船只，要让这些船只尽可能地多带回哪怕是一分钱的利益。想来想去，最有效的办法就是公司直接涉足船运，于是干脆设立了一家欧力士自己的船运公司。因为我内心深信，船舶市场的不景气只是暂时性的。

当时，日本国内还有不少的大型商社都在这次船舶市场的动荡中蒙受了损失，商社规模在我们之上的，损失的金额也自然在我们之上。有的商社甚至抛售了所有的船只，退出了船舶市场。

我们也是咬牙坚持，苦苦地熬日子，终于在几年后等到了船舶市场的景气回升。如果当初放弃船舶市场的话，或许会勉强地避开一场重大损失，但迎难而上，趁机收购其他商社抛售的船只，多元化发展，却能给公司带来利润。

再比如欧力士旗下有护理业务板块，这项业务连年亏损，简直到了山穷水尽的地步，但是多亏了员工的坚持与韧性，后来得以柳暗花明，扭亏为盈。护理业务的社会福利色彩比较浓郁，它的意义不能简单用数字来衡量，所以当时公司从未催促相关部门“赶紧赚钱”。但不可否认的是，公司也花了较长时间才扭亏为盈。几乎是靠着再坚持一年看看，不要轻言放弃的信念，才有了现在的硕果。

护理业务的负责人充满热情。在听取他们说明的过程中，那份强大的热情令人为之折服。他们哪怕面对上一年度的亏损，也会很有自信地回答“明年会变好”。我是被他们的热情所攻陷，还是被他们的热情所鼓舞，自己都有点分不清了。刚开始的时候，表示担忧的投资人不在少数，而现在护理业务实现了平稳运营与发展，赢得了业内外的一致好评。要知道，这样一个连年亏损的业务，当初公司方面没有叫停，真的是例外中的例外。

有趣的事情里蕴藏着商机

如果某个部门小组产生了有趣的构想，欧力士采取的一贯做法是除了该部门以外，会从众多部门召集合适的人员，组建临时特别项目小组。在原本的工作之上，添加类似“临时工”的人才，这样的人员交流会迸发出新的智慧的火花。甚至有的时候，临时组建的小组就直接成了一个部门。第一章里也有所论述，我们有时需要组建“特别项目小组”。关西、大阪（伊丹）两机场的项目就是其中一例。

开拓某项新业务时，如果懂得些许行业窍门，或是某种成功法则，开拓的成功率就会变高。比如，如果公司本身已经有汽车租赁业务，可以转而开拓相连紧密的汽车短租业务。如果租车业务进展顺利的话，自然而然会经手很多二手机动车，说不定又会开始对销售二手车感兴趣。这时候，不光你自己心动，还会听到很多周围的建议“利用之前的成功经验，试试如何”。所以说，比起从数据入手，花大力气搞调查研究，不如直接尝试去做，在尝试的过程中积累经验，然后在已有经验的基础之上开展相关业务，那样成功率会更高。

运营管理大型设施这类规模较大的业务，又需要不一样的“好奇心”。其实，养老设施本不在欧力士的业务计划之内。那时恰逢公司打算开发新楼盘，建造大型公寓楼用于销售，有人建议“一起建配套的养老设施的话，更好卖”，于是才有了养老设施的项目计划。楼盘最后成功售罄，养老设施作为欧力士的资产保留了下来。当时，养老设施的运营是委托外部机构管理的，慢慢地，转为欧力士自己运营管理。就这样，本来是楼盘附属产物的养老设施，发展成为欧力士旗下的业务。

公司在大阪也碰到过耐人寻味的项目，那个项目和楼盘开发有关。当时，欧力士买入了当地养老保险会馆所在的土地，打算用于开发新建楼盘，不过对方提出了一个建设条件——“可以拆掉会馆，但是请建造一个可容纳 1000 人的会场”。公司最开始打算建造一个小会场，既节约成本也能满足建筑条件。但是拆掉会馆太可惜了，那个养老保险会馆虽然有些老旧，却是十分气派的建筑，而且可以容纳 2000 人。最后我们并没有拆掉会馆，而是选择了改造，并在会馆旁边的土地上建造了公寓楼。最后，公寓楼全部售出，而改建后的会场摇身一变，取名“欧力士剧场”，开始营业。

欧力士剧场现在仍在正常运营，并保持着盈利。负责剧场运营的员工甚至都敢拍胸脯说“如果还有其他待售会场，完全可以买下来”。不过，这里需要提醒的是，剧场的运营管理难以估计预算，还需要相应的专业知识，需要慎重运营和管理。

因为剧场旁边是新建公寓，总体来说，剧场的经营状况还是不错的。但剧场的运营管理并非易事，需要各行各业专家的加入。开发客户交由专人负责，负责招揽顾客；警卫则委托专业公司来管理。于是，公司从头学习，当初完全没有列入经营计划的会场业务成功运营到了现在。

在开展多元化业务的过程中，我深刻认识到两点。

首先是拥有懂得看数字的员工是多么的重要。想象一下，如果不通过看数字经营管理，将是一件多么恐怖的事情。值得庆幸的是，欧力士的会计部门专业性极高，按月非常仔细地统计各种数据，认真负责，可以让人放心把全球的各种业务交由其做相关管理。在情况突变的时候，经营管理者甚至会从会计那里收到警告，这样的数字管理体系才是多元化、多部门经营的前提条件。

其次是事前准备的重要性。经营管理者需要和各业务板块的责任人、负责人交流对话，以近期的决算数字为基础，讨论公司之后的发展。在投入资金到新的业务时，还需要谨慎预估多少年以后能够有收益回报。虽然不可能所有都按计划发展，但事前准备在后续跟踪的时候起着很大的参考作用。

经营管理者需要把握现状，预估未来，听取各部门负责人的说明，了解各部门的实际情况，在调整之中绘制出组织的整体图像。再从这幅整体图像出发，纵观全局，监督公司的经营管理是否顺利，观察是否存在需要修正的部分。就算公司经营顺风顺水，如果发生了像雷曼危机那样的金融海啸，混乱在所难免。人不可能预知未发生之事，但我们需要在自身可行范围内做到最好，这才称得上是企业的经营管理。

坚持不做“大企业”

从过去到现在，我一直都认为欧力士不是大企业。如果站在非大企业的观点来看，欧力士还有无限的发展空间。同时我还认为，哪怕欧力士这样规模的公司，只要想做敢做，企业还是可以成长的。比如，可以预设公司每年的利润至少要达成两位数增长，或者最少百分之十的增长。可以的话，恨不得每年增长百分之二十。一路走来，我都贯彻这样的经营方针，同时以此为前提积极地推动公司发展。

那我们就来假设，公司利润每年增长百分之十的情况。各个业务领域为了争抢现有市场，拼命奋战到精疲力竭，在这种情况下，增长利润并不是嘴上说说那么简单的事情。如果市场整体一片灰暗的话，就算你设立了百分之十的目标，也注定难以达成。但也不能往后退一大步，把目标降低到百分之五，那样的话，又会和公司的整体目标存在出入。虽然我十分相信产业的负责人在自己的岗位上尽职尽责，不论设定何种目标他们都会尽力完成，但是如果大环境哀鸿遍野，还硬要设定高增长目标，可以说是非常不明智的决定。

所谓增长是在保持现有市场的发展基础上谋求进一步发展，所以把目标设立得过高是非常不现实的事情，甚至有时候，还得做好把目标缩小的心理准备。这也是我为什么一直强调开拓新业务的原因所在。

“小箱子”要一个一个制作

开拓新业务时，极端一点的情况下可以采用企业并购（M&A）来扩大规模。但如同前面所论述的那样，同时还需要把眼光放到公司内部，从内部发现具备发展潜力的工作，发现“有趣事物”的萌芽。这样的话，就能持续实现多元化，制作成一个个新业务的“小箱子”。拿欧力士来说，长期发展过程中，我们制成了一个又一个的“小箱子”，垒起来有很多。要知道，不制作“小箱子”就得不到大发展。我们需要时刻不放松地堆积着“小箱子”，以从中获得产业的巨大发展。

虽然说起来是“小箱子”，但也不能说刚刚做好了一个，那今年再做一个吧，事情没有这么简单。做好这一个，去做下一个，再做下一个，不断探索新产业的可能性，不断给予萌芽甘露，在此过程中，就能真正找到可以产业化的内容。最理想的状态是，用“小箱子”堆起了百分之十的增长，又通过开拓新业务和企业并购完成了百分之二十的增长。回头看，欧力士说不定更多地用企业并购来扩大规模，但一直以来，制作“小箱子”才是欧力士的强项。

这也是和大企业的不同之处。拿汽车制造厂商来说，他们的增长来自汽车产业这一整个“大箱子”。只要车子造得好，百分之十、百分之二十的增长都不在话下。便利店行业也是如此，瞄准便利店较少的地区，一举开设新的店面，从而达成两位数的增长。

企业不同，利润增长的方式也不同，重要的是坚持自己企业拿手的那套，实现可持续增长。

第十章　社长、董事长、CEO——明确责任体制

让公司杜绝“糖尿病”

最近很多企业发生的经营下行和丑闻事件让老百姓在茶余饭后聊得不亦乐乎。经营走下坡路，爆出丑闻的可以分为两种。一种是突发事故，而另一种则是企业构造上的陈疾，以人来说，就是“由于生活习惯引起的糖尿病”。最近，大家耳熟能详的一家企业被爆出了公关丑闻，领导班子发生了交接。新的经营管理者上任之后，我和他一起聊天的时候，谈过这个事情。当时，我告诉他“你们公司得的不是糖尿病，而是骨折了”，只要把骨折的那部分接好，就能比之前跑得更快。现在，那家企业已经可以在商场上健步如飞了。

任何企业都可能会被卷入不可预想的事件。如果那是事故，就需要企业想想对策，从头再来。但是，如果那是由于常年的体制问题产生的“糖尿病”的话，病入膏肓，就算重建，办法也少得可怜。

为了不患上重病，企业需要切实确立起有效的管理体制。在本章节里，我将会着重论述公司治理及如何明确经营管理责任。

企业管理的根本是董事会。根据企业的规模和行业等的不同，公司治理的方法也不同，董事长和董事的人数也是各不相同。特别是说到合适的规模，我认为那并不是光凭人数就能决定的。根据董事的专业性和综合能力的不同，情况会有所不同。在公司能够聘请到经验丰富、透彻理解公司治理的一流人才来担任公司的外部董事的前提下，公司内部的董事会规模大致需要 10 ~ 12 人，毕竟董事会不是看人数，而是看能否进行高质量的决议决策。

和世界其他国家相比，目前日本的公司治理，似乎慢了一圈，管理的形式倒是有了点样子，但不充实内在就无法称得上完善的公司治理，金玉其外是无法真正治理好公司的。而日本又往往容易流于表面，所以我们必须杜绝面子工程，谨记不断充实公司治理的内在。

在现实当中，你很难找到企业管理的模范。去年还是模范企业，今年就业绩下滑，不具备参考价值的例子不在少数。企业的管理是新鲜的，不以日新月新，就会锈迹斑斑。有些企业因为经营下行成为舆论焦点，当中也不乏曾站在神坛上的模范企业，那些企业也曾聘请外部董事，设立委员会等，切实完善过体系。可能是由于日本的公司治理相对于其他国家比较落后，所以大家都忙着完善形式，依葫芦画瓢。不过，话又说回来，也多亏如此，聘请公司外部董事的措施才得以在日本企业管理中引进推广。

找到切实发挥监督作用的董事是件十分不容易的事。就算是外部董事，上任前，也需要做些功课，对就职公司的经营内容有一定程度的把握和理解。我的观点是，外部董事确实不可能做到对公司了如指掌，但一定程度的了解是必需的。如此外部董事才能大致判断 CEO 是否称职，找出公司面临何种症结等。

需要注意的是外部董事找名人的“不正之风”。如果对方是可以信赖、得到股东充分信任的名人，那还说得过去，但最近这股风吹得有点太过厉害了，有的企业甚至都开始聘请知名人士来做外部董事，这是走向只顾做面子工程的第一步，必须加以警惕。

CEO 的执行能力决定一切

接下来，让我们来看看经营管理的执行体制。透过企业领导人交接时的记者招待会你会发现，很多公司的社长最后都升为了董事长，然后再设一个 CEO 的岗位。

这两者之间有什么联系呢？日本企业以前是没有 CEO 这个职位的，相对应地，那时候就是社长来负责这部分工作；也有的企业将代表权分散到几个高层董事身上。但我们需要知道执行的最高责任人就是 CEO，董事会是为了监督其职责而存在的机构。 所以，我认为在企业经营管理当中，最重要的位置就是 CEO，没有之一。董事会里设有董事长职位，设有社长职位，但都不会改变 CEO 最为重要的事实。CEO 是负责执行经营管理的，他如何判断，他采取何种措施，一招一式都关系公司生死。

执行责任人的 CEO 决不能独裁专断。CEO 背后不是一场权力的游戏，而是需要统管全公司的能力，换而言之，需要带领公司上下一心，团结奋斗，所以 CEO 必须由具备权威的人来担任。一旦 CEO 开始暴走独裁统治的话，这家企业就岌岌可危了。独裁过程中只要他或者她犯了丁点儿错误，风险都是极高的，带来的后果都极其严重。

企业所要面对的重要难题，就是如何选出既有权威又有执行力的 CEO。在此基础之上，还必须有效发挥统管功能，拿出洪荒之力来管理企业。监工当得好，企业才能越走越顺，这样的良性循环是企业管理的理想状态。

CEO 不是面子工程，要有实际统管能力才行。正常情况下，只要 CEO 尽忠职守，一般公司不会出太大的岔子。问题就在于出现情况后，该如何应对。当“这个 CEO 还能不能干了”“换人吧”的声音此起彼伏之时，作为经营管理者，该在什么时候去拍拍现任 CEO 的肩膀，告诉他或她离开呢？这是考验一个企业经营管理者的关键时刻。拍拍肩膀倒是简单，但那时候就需要选出一位更优秀的 CEO。特别是在企业走下坡路的时候，统管方法尤为重要。到目前为止，日本企业出现最多的情况是经营状况不佳时，CEO 拼了老命去解决问题，却无法找到突破口，状况反而越来越差。

为了防患于未然，负责统管、治理公司的 CEO 必须时刻保持冷静，打好预防针。这才是 CEO 工作内容的精髓。

比起透明性公司治理更看信服度

有时从外部眼光来看，难以看到或者难以理解公司治理的作用和效果。因此，经常会被批评公司管理不够透明。但是我们不能忘记的是比起透明性，更为重要的是拿出让股东们信服的结果。这样听起来可能太过绝对，但我们最应该优先的是保持可持续发展，做好公司经营管理，让大部分股东都说“做出这样的判断，我们没意见”。有时候，需要和公司内部汇报情况，正确解释说明。但如果涉及很敏感的话题，反而会让事态变得愈发复杂而不可收拾。

治理公司，重要的不是形捏得好不好，而是能否对企业的“中长期发展”有益。所以说，日本的公司治理，当下只不过是站到了门边上，一切的一切都还要看今后。

第十一章　决定公司价值的不是投资人

过去，你是否时常有提高市场份额的想法呢？通过市场来判断一个企业的价值，这其实是在某个特定行业框架内来看待公司的发展。如果你仅仅盯着这家企业有没有跑赢其他公司，很有可能因此而忽略掉其他更大的市场。为了提高市场份额，研究竞争对手是必不可少的。但其他公司的实际情况，我们作为外人难以把握。如果单纯从学术角度来分析的话，又会与实际结果产生出入，毕竟理论不能立刻就反映到经营管理当中，没有立竿见影的奇效。

最近我开始思考一个问题，投资人关注收益性和股票市值的做法是否同纯粹以市场份额来衡量企业价值的做法是一样的，并不能完全反映实际情况呢？投资人的看法固然重要，但我还是存有疑问。一般来说，企业市值是用每股市场股价乘以发行总股数得出的数字，但是，股价无时无刻不在变动，股票的市值并不一定能够精确反映公司的价值。打个比方，这家公司的股票市值为 1000 亿日元，听上去很多，但是如果你知道，这家公司的股票市值一年以前是 1200 亿日元，你又会作何感想呢？

企业的价值取决于社会的评价

我的想法可能和美国式经营管理稍有不同。我认为衡量企业的价值的时候，还需要增加一个评价指标，那就是社会整体是如何评价这家企业的。并不是看一个时期的发展，而是看长期的可持续发展。要知道，企业的价值包含了许多内容，其中最大的一个部分就是作为社会组织存在的意义。数字无法表明的价值才最为重要。除了股票市值的这一指标，我们还需要关注一家公司在顾客眼里，在买方眼里，在供应商眼里，或是在自家员工眼里是什么样的。扩大股票市值固然重要，但那只是目的之一，并非全部，并非股票市值高的企业就得戴红花，受人尊敬。

提高股票市值，真的就是提高了企业价值吗？我想结合时势谈谈这个问题。

最近，被称为“主动投资人”（Activists）的投资人越来越多。他们通常的做法就是不知不觉之中悄悄购入日本上市企业的股票，接着突然露面，表示要和公司的经营班底谈判。虽说主动投资人也是大股东之一，但如何处理与这类股东之间的关系，仍然令众多经营管理者苦恼不已。欧力士目前就面对这样的情况，以我的亲身经历来说，他们靠不住。为什么这么说呢？因为外部人士是不可能全面理解一家企业的经管理状况的。就算经营管理者收到了来自主动投资人的信件，要求进行谈判，也不必大惊小怪。

主动投资人的目的当然是通过某种方法牟取暴利。而且主动投资人往往管得太多太细。甚至会提出很多非常具体的建议“弄那么多现金流干什么，赶紧用来买自己家的股票，拉高股价呀”“给我多点分红”“赶紧把某某业务卖掉”。

所谓提出建议，看着报表，企业的现金流和利润分配一目了然，谁都可以张口就说出个一二三来。其实经营管理者也很委屈，心里多半在嘀咕，这还用得着你说吗，难道我自己不懂吗。积累较多现金流是因为金融的不稳定性，为了突发情况时不至于山穷水尽而存下的“口粮”；而对方要求“提高分红”的时候，就可以“怼”回去：“把资金用于投资能获得更多利润。将资金用于回报较高的业务是理所当然的，所以不能提高分红。”

投资人和经营管理者之间会产生意见分歧，那样就需要唇枪舌战一番，解决分歧。当然肯定有“打开天窗说亮话”的主动投资人，“反正就用自己家的钱买股票，抬高股价，再转手拿钱就是”。面对这样的投资人，经营管理者应该明确拒绝“我不听这种人的话”，表明立场和态度。

开始是动动嘴，如果实在不行，就需要“动手”了。为了不让主动投资人抓住把柄，经营管理者需要动手把公司搞好，让他们无话可说。反思一下公司上市的意义；研究一下对策，提高自己公司的股价净值比（PBR）；或是通过抓好 IR（投资人关系管理），构建好体制，尽责解释说明。用行动向投资人证明。

大部分主动投资人追求的是企业的实时价值和当下的股票市值的最大化，达到自己从中获利的目的。经营管理者如果专注于公司的中长期发展，二者出现意见对立也是可以预见的事情。经营管理者需要不慌不忙，分清什么是经营管理者该做的，在此基础上履行解释说明的责任，绝对不能钻股票市值的牛角尖。

股东的意见应该听几分

为了方便理解，前面我举了主动投资人的例子。那么一般来说，股东的意见到底应该听取几分，再将其反映到经营和管理之中呢？说到底，股东对于企业来说，究竟是怎么样的存在呢？我想以欧力士为例来浅谈一下。

拿欧力士来说，欧力士是上市企业，没有特定的大股东，百分之百是浮动股，其中，百分之六十又由外国人股东持有。现在的市场上，以短期利益为先的股东非常之多，比起企业价值，他们更关注股价，便宜了就买，涨价了就卖。从以中长期发展为目标的经营管理者的眼光来看，市场上几乎没有“稳定股东”。

欧力士在日本企业当中，也是较早导入投资人关系管理、和投资人进行积极交流的企业。我自己也飞往世界各地，跟各样的投资人进行宣传。面对外国的养老金基金或是投资信托机构等的投资人时，我总会带点自豪地说“很多外国股东理解与支持我们公司”。但是，如果股票是百分之百浮动不定的，我不禁自问，能有几个股东真正理解公司的经营管理呢？话又说回来，真的只说服重视产业长期发展的投资人来投钱，企业又会变成“死水”，缺少了些许东西。这样矛盾的感觉多少让我觉得有些不可思议。

花大功夫在投资人关系管理上，是因为我认为，会用长期眼光来看待公司发展的股东在海外应该很多，像是战线很长的养老金基金，或是大型投资信托机构等。他们应该能够把握欧力士的产业，期待企业的中长期发展。我期待着这样的股东能够促成企业的中长期投资，但现实并非如此。

另外，市场上还有希望短时间内获利的对冲基金，以及专做倒手买卖的操盘手存在。基金经理的报酬是半年分红一次的短期绩效制，他们只会思考如何在短期内提高年薪和奖金。而雇佣基金经理的投资机构也通过那种方式提高了自身的收益，机构自然也不会改变短期绩效制。所以才说市场上难有长期持有型股东。

这样的风气自从雷曼危机后越演越烈。金融危机之前，我就感受到些许势头，但危机之后，就连提倡“长期持有”的投资人都杯弓蛇影，看到市场下行就立马抛售。

鼓励个人股东长期持有股票

在现代的股票市场中，包括投资机构在内的投资人中间，盛行以短期利益为先之风，这就造成了一种奇怪的现象。投资人经常催着经营管理者提升股价，股价升了他自己却卖了钱，拍拍屁股走人了。购买公司股票的股东本应是公司的恩人，但经营管理者听信“谗言”，公司就会走上歧途，甚至恩人变成了敌人，反倒需要经营管理者保护公司不受股东的伤害。

那么，我们不妨在珍视股东的同时，又谨记保持中长期发展，得到所有利益相关者的支持，继而提高企业价值。

最近我的想法是，需要把股东分为两类，一类是“长期投资人”，一类是“玩转金钱游戏的投资人”。刚才我已经说了，投资机构难以长期持有某个公司的股票，而个人投资者当中也有很大一部分是网络上反复买进卖出的操盘手。

以机构还是个人来区分投资人先按下不表，我们其实可以将股东分为另外两种类型：一种是希望通过投资获取利益的，追求“收益权”的股东；另一种是默默守护企业发展，有时提出自己意见，重视“管理权”的股东。这两类股东的目的和想法各不相同。所以，增加重视管理权的股东也是解决办法之一。

丰田汽车公司的做法也给了我们一个参考答案。在2015年，丰田汽车面向个人投资人发行了保证本金的新股。这类新股可以保证投资额的本金，但基本条件是必须持有该股最少五年。面向个人发行特殊股票回笼所得的资金应该主要用于新业务的开发。丰田公司其实在传达一个信息：丰田将投入五年时间开发新技术和新车型。

欧力士也正打算那样做。虽然我们没有类似于车子那样肉眼可见的产品，但五年的时间足够我们投资，让资金回笼。当然，还需要拿出具体的记录来说明欧力士是怎么建立产业、拓展业务从而获得业绩的，让投资人信服，放心把钱交给我们。我思考的解决之道就是尽可能集中上述那样的股东。只要能够通过开拓新业务对社会做出贡献，就能促进企业的中长期发展，交给众多的利益相关者一份满意的答卷。

企业治理要向着“利益相关者式”转型

在第十一章的开头我已经论述过，企业价值是需要社会整体做出评价的，并且是从能否实现长期可持续发展角度做出评价。上市企业如果能够将合作伙伴、顾客、员工等利益相关者都纳为自己的股东，经营管理者的视线就能和股东保持一致，从而实现平稳快速的发展。

为实现企业的中长期发展，经营管理者的努力自是不用说。如果也能使更多的利益相关者变成企业的股东，使其带着经营意识参与到企业经营管理之中，将有效促进企业步履稳健地实现中长期发展。长期为公司效力的员工、公司产品的忠实顾客如果成为了投资人，对于企业实现中长期发展将益处多多。

面对以短期利益为先的投资人的要求，美国企业的经营管理者中，不少人会买进自家股票、提高分红，短期内拉高股票市值，进而自己也能把大把的钞票揣进自己的腰包。并且，美国的经营管理者本身就是优先股票这一个微观指标的。现在的美国，呼吁改善公司治理方法的呼声是一浪高过一浪。但是，目的也是为了提高公司的股价。买进卖出自家股票确实可以拉升股价，但同时也减少了发展资金，我对其能否真正地激发资本市场活力存在疑虑。有时为了提升股价，公司甚至会大规模裁员，对社会也造成了不少的影响。畸形的螺旋一旦结成，不仅公司会失去长期视野，对社会的安定繁荣也会带来负面影响。

如果我们认识到企业的中长期发展能够对经济社会做出贡献，并使用这一宏观的观点来看待企业的发展，问题的解决又截然不同。日本企业更需要考虑对社会、对弱势群体做出相应的贡献，意识到企业是一个社会性的存在。只要将企业持有的全部经营管理资源集中投资用于中长期，企业就会彰显其社会性的存在感。换而言之，增多支持企业中长期发展的股东，和公司治理方式有着直接的关系。

最后我想提一下在第十章所总结的关于实践公司治理的内容。

在公司内部，实现治理的是董事会。考虑到董事会是支撑经营管理的基石，董事会对经营管理者提出的要求，会极大地左右公司的道路。董事会是给 CEO 下令“做高股价”，还是叮嘱注意“中长期发展”，由此也会影响到资金使用方式。这样一来，出于何种目的组建董事会就变得十分重要。当然，包含公司外部董事在内，董事选谁、用什么样的观点来实现管理会影响前述讨论的结果。我们不能执着于从外部选几名董事这种流于表面的东西，而是要搞清楚、弄明白企业究竟需要什么。日本在这方面的研究与讨论还远远不足，亟待加强。

与此同时，CEO 的选任方式和所需的资质也在发生变化。以现在日本的情况来看，从外部招聘 CEO 只能说是例外的，就算你想从外部招聘，也没有那样的市场来供你选。所以说，虽然可能“外来的和尚会念经”，但是一般来说，CEO 的选任还是通过公司内部的人事制度来完成。也就是说，甄选 CEO 的时候，选什么样的人才，这将成为今后的重中之重。如果企业目标是中长期发展，我们需要构建出相应的公司治理才能够选出一个 CEO ,这个 CEO 不仅能够关注企业的平稳运营、不断挑战创新，还要能在日本企业中众望所归。

企业不仅仅要使中长期持股的股东变多，提高稳定股东的持股比率，还要增大其决策权的比重。美国企业也是如此，在上市之后，创始人通常会通过发行带有决策权的多种股票来保持对公司的管理。前面所提到的，根据持股期间长短调整决策权的比重就是一个非常不错的想法。希望一定把这个想法拿到台面上来，大家一起讨论。对于玩转金钱游戏的投资人来说，决策权无关痛痒。所以可以按照中期、长期的投资期长短，适当增加决策权的比重。但是，日本目前发行的股种太少，股东平等原则被捧上天，我们需要逐步去改变那种观念。

作为本章结论，我认为应该积极推进利益相关者持股、强化股东决策权，因为这两点是支撑企业中长期发展的重要因素。企业不是做高股价的组织，而是一个引擎，牵引着产业和社会的进步。只有这样让企业发展，产业才会发展，股市才会发展，继而资本主义市场经济才会良性发展。

第十二章　企业并购切忌“一见钟情”

近年来，越来越多的日本企业走出国门，在海外投资并购。由于收购或合并后的经营不顺利，导致企业出现亏损的例子时有发生。企业并购在日本国内都是一件难事，更何况在他国进行，这要求企业统筹兼顾，管理更加细致。

尤其是花高价收购企业，需要注意的事项就更多。一般来说，品牌是企业的无形资产与价值，大费周章，以高价收购的话，无异于踩了一双高跟木屐站在起点，相应地资金回笼的难度也会加大。

就算能以恰当价格收购，也并非高枕无忧。重要的是买下之后如何经营管理，那里才是真正的出发点。就算合并与收购的双方都是日本的本土企业，在同一个行业之内，使用同一种语言，都会因为企业文化的差异导致难以沟通理解。何况收购的还是海外公司，其难度之大不言而喻，仅仅是双方在沟通交流上，就需要花费多年的努力与心血。这个时候，经营管理的导向图就显得尤为重要。

特别是涉及海外企业的案例，多容易出现经营下行，难以为继的情况。前面提过，很大一部分原因是日本企业的“心照不宣”式的管理方式换了水土就行不通了。

经营管理者一旦想买对方的公司，很容易不管出多少价钱，都满口答应。总是想着机不可失时不再来。这背后多半是中介的投资银行捣的鬼。任何公司收购项目都需要牵线人。充当牵线人的投资银行是事成获得报酬。成交价格越高，他们拿到的报酬越多。自然，他们会不停地催促买家“这么好的公司，你上哪儿找啊”。如果你还犹豫不决，投资银行一定会搬出“你公司的竞争对手也在考虑，再不下手就迟了”的套路，甚至还会吓唬你“你们公司没有大型收购案例，投资机构也会觉得有问题的”。真是前有狼，后有虎，一波未平一波又起。

收购成功并不是终点

在各种推波助澜之下，整个项目很容易变成“为买而买”。经营管理者脑袋转不过来，根本想不到收购后的经营计划。但是，经营管理者需要的是保持冷静。在企业并购项目中，切忌不能因为想买的心过于旺盛，就自动向卖家倾倒。经营管理者必须考虑到任何经营都需要与收益挂钩，花大价钱买回去了，万一失败了，公司就会栽跟头，蒙受损失。

虽说企业并购需要小心谨慎，深思熟虑，但光靠自家公司无法获得进一步成长，这是不争的事实。不仅仅是企业并购，包括投资在内的多种形式的企业合作，也是非常重要的经营手段。

企业合作的时候，需要两家企业的经营管理者都抱着想做成点事情的决心，不然很难进行。比如，东南亚的家族企业较多，这样的企业作决定很快，合作也较容易。只要两家的老大谈拢了，直接就拍板决定了。从这也能看出CEO 的个人能力。

归根到底，就是 CEO 能否搞好风险管理。不管是收购还是合作，不实际去做，结果无从知晓。我自己也是通过大量学习其他公司的案例，“原来是那里失败了呀”，如此引以为戒的。幸运的是，欧力士在这方面没栽过大跟头。这与历任社长都是“铁公鸡”，不愿意花不合理的高价去收购有关。欧力士在财务方面一直谨慎再谨慎，绝不收购毫无意义的高价企业。

正因为对成本非常敏感，才需要提前拟好具体计划，“买了之后怎么办”，乐于做个“铁公鸡”，随时保持冷静。觉得价格高了立即撤退，是十分得当的风险管理措施。脑子一热就买了，弄得不好，会拖累企业，伤到企业元气。

随着合并、收购、企业合作的增多，非常考验经营管理者是否具有精确周密地进行整体业务投资配置管理的能力。我在前几章所提到的预计资金需求量的概念也会进一步被更广泛的接纳。每个业务部门领走所需资金量，相应地，达成所设立的目标利润和收益性。收益比预想要好的话，企业的整体体力会增强，才拿得出资本进行合并与收购。只要知道可以花在合并与收购上多少钱，就能及时叫停，不做超出承受能力的事情。

CEO 需要在把握投资组合的基础之上，从预计资金需求量看出自家公司的承受力，判断可以扩展哪个部门的业务，并付诸行动。比较部门与部门之间的发展性的时候，无须赘言，需要做的是综合判断。不能光看当下的利润率，还需要看中长期的发展潜力和相应的风险。

迈入产学合作的时代

今后，企业合作将会迈入新的阶段，即无出资的合作、业务合作、大学和企业之间的产学合作。从广义上来说，我们即将进入一个新的时代，不出钱，也不出资产，“双手空空”就能完成合作。合作双方自由利用对方的长处，融合交汇迸发新的火花。最近听到的很多合作案例都是如此，比如丰田汽车和谷歌就进行了一次跨越企业规模和行业的合作。为了达成有意义的合作，我们需要让自家公司富有魅力，能够让周围的企业自发觉得“好想和那个公司合作呀”。

本章的最后，我想提一下对于合作的评价。合作方是大企业也好，大学也罢，或是创业公司，企业谋求的往往是对方掌握的高新技术。特别在科技飞速发展的当下，人工智能和金融科技等超出预想的技术在不断得以推广。那么，不懂高新技术，就一定无法将其有效应用于产业与业务吗？答案是否定的。从某知名企业的外部董事的经验来看，经营管理层和技术人员总是抱有“利用最先进的技术造出来的产品，肯定会大卖”的想法。但是现实并非如此。有时候，你拼命研制、开发出了产品，顾客也不一定就会买账。

一个最明显的例子就是智能手机。电机行业曾有段时间吹过电视机整改之风，给电视添加各种功能，可以玩游戏、看视频再把电脑的功能也加进去。可是定睛一看，智能手机实现了上述所有功能。从技术层面来看，绝对是电视比手机更难、更复杂、蕴含的技术难度更高。但是，现在畅销全世界的却是智能手机，不是电视机。

“消费者需要的究竟是什么？”

我们不能盲目追求技术，而忘记了市场的需求。经营管理者的职责是提供卖得出去的东西，需要思考的是买方的想法，而不是供给方的想法。商品、服务或是系统，先不论优良与否，决定其有无价值的并不是供给方，说得更直接一点，供给方没有任何决定权。市场是跟着买方走的，决定商品价值，决定是否购买的都是买方。能否制造出让买方满意的产品、推向市场才是关键。

第三部

打造一个可持续发展的企业

第十三章　通过失败来培养判断力

经营管理者为了制定正确的战略，做出恰当的判断，需要具备收集信息的能力，通过收集信息才能获取广泛的知识，形成良好的涵养。信息分为两种：一种是工作所必需的信息；一种是个人感兴趣的信息。有时候，两者融为一体，难以区分。我认为保持对事物的兴趣对于信息收集是非常重要的。比起工作所必需的内容，人对自己感兴趣的内容，通常查得更广、更深。

学习这件事情可能也看年纪的。拿我自己来说，年轻的时候，学习欲望非常强盛，总想学到更多，苦读了很多和专业相关的经营学，还读过彼得·德鲁克的著作。年纪大了，渐渐不想学了。特别是方法论的东西，更是基本不碰了。这是好事还是坏事，我自己也说不清楚。不过我相信也有人是通过学习方法论来掌握经营手法的。

不过，作为经营管理者，走的路越多，越会发现弯路比直路要多得多。反过来说，失败的经验越丰富，判断能力就越强，失败了才知道问题症结所在。当然了，随着判断力的逐渐增长，那些盲目扩张，或因此带来的破坏力就要少得多。但是不论怎么样，比起从书本上得来的知识，积累下的经验会成为更重要的判断依据。

当下，年轻的经营管理者多是利用脸书或推特等社交网络服务，也就是社交网络平台来收集信息。我知道网络媒体很便利，但自己几乎不看，我怀疑仅仅凭社交网络平台收集到的信息是否足以让人做出判断。网络社会就像是从铺天盖地的宣传单里截取信息，把这样得来的信息作为判断的依据，是否有些太过随便？而每个人都在随便交换着这些看上去很随便的信息，就更让我觉得有些不可思议。

当然，我也会把自己每天的想法通过博客等形式发表在网络媒体上，深切体会到它所带来的双向性的便捷。我写完了，读者来看，读者看完了，很快又会给我回复。但是，一些匿名的意见和评论还是让我有些违和感。

社交网络平台在不断进化升级，甚至还加入了金融功能。虽然它传播的信息是碎片化的，但是很有影响力。特别是一些金融方面的信息，已经影响到投资人的判断和企业股票价格的涨跌了。

当今的社交网络平台上，围绕一些传闻人们热情、激烈地开展各种唇枪舌战，经常会出现网上骂成一片的情况。这些网上言论虽说不足以代表国家的官方声音，却实实在在地影响着整个社会。社交网络平台以如此势头发展下去会有怎样的影响力呢？这值得大家继续关注下去。

光靠内秀是没办法做常胜将军的

不管是不是来自社交网络上的信息，培养真正的收集与分析信息的能力是没有秘籍可言的。关键还是自己得具备深厚的知识能力，或是他周围有很多可以商量、值得信赖、愿意帮忙的好参谋。接着就是需要和人面对面地、深入地讨论学习。那样能够培养思考和判断力，帮助得出正确结论。尤其是，对方如果是外国经营管理者，和你处于相同立场，相同位置，但他的国籍和文化却与你相异，和这类人相谈是最具有价值的。

美国有一个正式的会议组织，可供经营管理者集中学习。在美国科罗拉多州的阿斯彭山里，大家围坐一团，深入研究学习。日本学习美国做法，也建立了经营管理者的学习小组，每年夏天都会组织聚会，学习的内容都是除了商业以外的其他东西，我已经连续参加了二十年。二十年里不乏会员严肃讨论的场景，不过，常年参与的组员之间都有一种共同认识“不能满脑子只塞着商业的事情，需要开阔的视野”。学习的内容不论对经营是否有用，作为经营管理者都需要接触广泛的知识。

多亏了那个学习小组，我得以和许多海外企业的经营管理者进行对话。那个过程中，很少感到自己知识体系不足。但反过来，我感觉美国的经营管理者真的三句话不离钱。美国的经营管理者只要碰面，自然而然就会聊起股市市值的话题。特别是年轻的经营管理者，表现尤为明显。我虽然没有碰到过，但是曾经听到过“你的公司是 300 亿日元，但我的公司可是 1000 亿日元”的对话，这样直接，多少有些让人头疼。

不管怎么说，日本的经营管理者需要亲自到国外看看，和国外经营管理者交流。不仅可以拓宽自己的人脉，还能获得宝贵机会，传播日本的思考方式和价值观。

这让我想起 20 世纪 80 年代的一件事情。有一家外资银行曾经组织过一次美国旅行，我也受邀参加。那是在加利福尼亚州的卡梅尔进行的为期一周的夏令营。由于是投资银行主办的项目，共招待了 12 名世界各国的经营管理者。因为是夫妇同去，所以人数翻了一倍。参加的人里不乏全球知名人士。

那次夏令营和日本的研讨会、宴席的氛围非常不一样。虽说是夏令营，但日程安排的内容却一点都不枯燥。主办方安排了网球、高尔夫、漂流等课程，参加者可以任选其一。我当时刚开始学打网球，正想着要进一步提高技术，于是欣然接受邀请，请了一个星期的假，开始了去美国的旅程。

上午的时间主要集中练习网球，练习班分成两个，入门级和达人级。下午是自由活动时间。晚上则需要穿着正装出席晚宴。那段时间，每天晚上我都和世界上知名的CEO们一起畅谈。在晚宴上搞社交估计是日本人最不擅长的事情了。由于每晚都有晚宴，再加上时差倒不过来，我时不时地会犯困。但是每个晚上都过得很充实，也让我对美国式宴会的丰富程度刮目相看。

在这里我想多说几句，要成为全球性通用人才，和世界知名的CEO交流，英语是不可或缺的，而且这种倾向越来越明显。日本人口只占全球总人口的2%，要想和其余98%的人沟通，我们是无法寄希望于他人的，不能期待全球98%的人都去拼命学习日语，所以，我们要依赖“世界语”，也就是英语。

伴随着全球化的深入，如今几乎所有的经济活动都与海外国家相关联。没有英语交流的能力，就不能与全球其他国家的人对等交流。对于一般人来说，不必一定要追求和英美国家的人一样流畅，也不必像自己的母语一样运用自如。在我看来，语言能力的四个阶段依次为听、读、写和说。因此，只要能够比较到位地表达出意思就足够。在和外国人交流中，要赢得对方的敬意，除了语言外，更多的是你自身的人格魅力。

如今，反而是非英语圈出身的合作伙伴间，越来越需要借助英语来沟通，所有只要具备最低限度的英语读写能力，能用英语对话就可以。希望大家拿出勇气，在工作中多使用英语，提高英语表达能力。

当然，如果要活跃在国际舞台上，只会英语是不够的，还需要再掌握一门外语，因为现在会说英语的人实在太多了。精通母语以外的两种语言，一定可以给自己争取到更大的舞台。

世界在发展，时代在变化，各国融合日益加深。未来，一切经济活动和商业行为都将面临“无国界化”。语言不通会成为国际化发展的最大障碍，交流不畅更会令人错失良机。

其实学习英语就如同创造财富一样，付出总有回报，而且能创造更多无法用金钱衡量的价值。不愿意学习英语或其他外语的人，要趁现在重新挑战自己。

在社交场合不妨把自己当成艺人

在美国参加夏令营的最后一天的晚宴上，要求每个人都得表演一个节目。我当时感觉很棘手，大家却开始一个个自然大方地表演起节目来。轮到我的时候，一咬牙，就唱了一首英文歌。大家都很惊讶，“没想到日本人还会唱这样的歌”，一时间我成了关注的焦点。当然，在这里我是不会透露歌名的。

日本人非常不习惯那样的场面，遇上了也多半会推辞，“算了，放过我吧”，电线杆子一样杵着，什么都不做。但是在社交的场合，你必须有一个可以拿出来展示的压箱底的宝贝。那样的社交场合下，如果你和别人有一样的兴趣爱好，就会特别投机。即使是初次见面，也很快能打成一片。过去，日本的商务人士到海外，仅仅是为了销售产品，所以被人叫作“商人”，不怎么受待见。即使后来日本经济腾飞，日本的购买能力变强，却仍然被戴着有色眼镜看待，真是件令人遗憾的事情。

从这个层面上来讲，经营管理者也应该积极地跑到国外看看，多交朋友，让别人了解自己，这样甚至可以起到彰显日本存在感的作用。在那次的美国之旅中，我除了享受到网球的乐趣，更是为了突出日本的存在感，于是唱歌也豁出去了。

亚洲有一个国际性会议，不太为一般人知晓。会议较为封闭，只对亚洲的最高级别的企业经营管理者开放。我常年参与其中，曾经邀请日本企业的经营管理者加入，但很多时候是白邀请，对方并不参加，理由好像是参加会议时需要全程使用英语交流。回想我参加的那个时候，日本成员仅有两个人，我想着召集十人左右，但没能如愿。从这件事就能感受到日本经营管理者的“内向”。后来终于有人想通了，希望加入，愿意通过这种方式彰显日本的存在感。即便如此，以日本的经济规模来看，参加的人数还是太少了。

美国的经济杂志《福布斯》主办的“福布斯全球行政总裁会议”，已经存续多年。有一年我突然发现自己是唯一一个作为小组辩论者受邀参加的日本人。如果我不出席，日本的位子就变成了零，这让我心中涌起了一种莫名的责任感，于是每年都准时出席。本来，这个会议是在亚洲召开，按理来说，日本经营管理者应该坐得满满当当的才说得过去。

我们需要积极地走出国门，寻找知己，让别人了解自己。日本的经营管理者太过内敛的原因大概在于平时都是靠组织的力量在运行，自己基本不经手。放在日本国内的话，和交易方见一下面，递一递名片，剩下的下属会来料理，自己不说话也行。但是放到海外，情况就大不一样了。你必须用自己的语言，明确表达自己的态度，传达给对方。

特别是亚洲各国，家族企业较多，这些企业的接班人往往早早走出国门，外出留学，接受精英教育。由此获得的经验与涵养恐怕是日本上班族难以企及的。一直以来，日本的经营管理者都是看着欧美，没有过多关注亚洲的企业和经营者。但实际上，和亚洲企业的经营管理者接触下来，会发现他们具有相当的实力。我们不能用老眼光看人看物，日本的经营管理者如果没有勇气走上国际舞台，企业注定会被埋没。

在过去工业化社会，丰田、夏普或是佳能等等如雷贯耳的公司名字以及其产品可以代表很多东西。经营管理者即使不露脸，也能收获大把信赖和优良业绩。只要你摆出商品，感受到其高质量的魅力之后，消费者自然就会掏钱购买。但这套在知识集约型社会是行不通的。为了让各个国家的消费者和投资人信服经营管理者的企业愿景和战略，我们需要用语言去解释和说明。

我认为日本的经营管理者能力不比其他国家的差，只是交流能力稍有欠缺。我们需要想办法去改善，建议经营管理者多去海外走走，给机会让别人认识你、知道你。

第十四章　读错宏观信号会导致企业破产

我推荐经营管理者走出国门，是想让大家站在国外的角度看看日本、看看自家公司，或者看看自己，由此构建世界观，学会用宏观视野看问题。要知道，经营和管理有时候会被大环境以及国外经济走向所影响，所以，从平时开始就需要养成关心世界形势、关心宏观走向的习惯，不断打磨自己分析时况的能力。经营管理者有无宏观观念，在决定公司的方向性问题上，会出现决定性的差异。

拿最近的例子来说，你是如何看待英国脱欧问题的？

英国脱欧大戏已经在2016年6月落下帷幕，经由国民投票变为板上钉钉的现实。欧洲本来希望各国跨越国家的障碍，在同一个世界观下结成一个整体，谁曾想队伍里却混入了“异形”。比起经济的优势，本来欧盟的结成更多的是政治结合，一直以来都是以理念为优先。不过欧盟成长得太快，也太大了。

从希腊的经济危机就能看得很清楚，异形混入欧洲的同时，财政束缚的步伐也在加快。实施束缚的中心就是德国。而另一方面，英国打起了独立的主意，判断留在欧盟再无其他益处。我认为这标志着欧洲变动的开始。从英国脱欧和欧盟问题，其实还能看出些许其他东西，容我慢慢道来。

说起欧盟的起源，最初始于法国与德国的停战。长年交战的两国想停止战争，握手言和。后来越来越多的国家加入，使得理念发生了偏差。一个国家加入欧盟，可以获得保障自由移动的权利。各个国家加入欧盟打的小算盘不一样，想捞的好处不一样。于是出现了想要脱离欧盟的国家，比如英国就有小情绪了，“还是走了好”。

这样一来，欧盟将不复往日的统制力，组织形式也失去后劲，将无法再与世界对抗。可以预想，加盟国气势会越来越弱，欧盟将不再是那个团结有力的组织，无法进一步扩大，对欧元也会产生影响。

世界各国的贫富差距问题日益明显。由来已久的贫富差距在越拉越大，颇有不可遏制之势。恐怖袭击事件频发的背后也与贫富差距不无关系，贫富差距严峻的当下，经济体系的改变在所难免。而这一改变不依靠强硬的政治领导力，是无法实现的。

很多国家为了做出政治性的选择，结成联合体以自保，却反被联合体的经济所束缚，不仅激化了个人之间贫富差距，欧盟各国之间的差距拉大的风险也加剧了。

我们可以预测一下英国今后的金融市场和外交。英国应该会妥善采取外交策略，保证脱欧顺利进行，确保其特殊地位。瑞士虽然位于欧洲的中心，但却一直没有加入欧盟，仍然过得逍遥自在。英国想要的大概就是这样的地位。现在，英国与欧盟的拉锯战已经拉开了帷幕。至于对日本的影响，我觉得并没有媒体夸大的那么严重，与其他国家相比，投资和贸易方面都不会有太过严重的影响。

另一方面，被誉为欧洲金融中心的伦敦金融城情况又将如何呢？金融城的作用很有可能逐步丧失，搞不好德国的法兰克福会接过这根棒。但仅仅是交易场所发生了改变，并不需要太过担心。

欧力士在2013年，收购了总部位于荷兰的著名资产管理公司——荷宝集团。当时曾与荷兰的经济当局打过交道，印象深刻的是收购手续之复杂繁琐。精简手续、简化流程才易于招商引资。而且随着金融科技的推进，美国的华尔街或是伦敦的金融城将逐渐被时代抛弃。跨越时间与空间，动动手就能在网络终端完成交易的话，所谓的金融街也将失去其原有的功能，蒙上历史的尘埃。

从日本读懂世界潮流

除了英国的脱欧问题，中国经济的减速也给世界经济带来了一定的影响。现在的中国，在一定程度上有类似 20 世纪 90 年代日本泡沫经济的地方。中国的银行存在不少不良债权的问题。日本在泡沫经济破灭之后，因为不良债权造成的损失也是越积越多。带着宏观观念来看待问题的话，审视问题的视线也会发生相应的变化。

正因为是企业的管理者，才必须站在宏观立场，审视公司发展。一旦判断失误，公司就会误入歧途。不过，现实情况中，要做到这点非常困难。人很多时候都是后知后觉，捶胸顿足地后悔，要想看到一年以后真的不是那么容易的事。

以我自身的经验来说，90 年代后期，日本经济的泡沫破灭后，股价、房地产价格骤降，市场一片凋敝。那时候还没有发明“泡沫经济”这个词语。自己也是事后回味才想明白，原来那时是泡沫最大的时候，原来从那时之后情况就开始急转直下了之类。当年，在泡沫经济最盛之时，仍有跃跃欲试的人。当时有经营管理者看到房地产价格回落，认为政府的调整政策会出手挽回局面，于是还建议我说“宫内先生，价格降得差不多了，现在该出手了”。当时的我看到价格骤降的信号，正在四处抛售，疲于应对。但仍有很多人打算进场再赌一把，结果赔个精光。那家企业也难逃厄运，最终关门大吉了。

如果那个时候，邪念一动，再买入房地产和股票，结果会是如何呢？最终没有酿成大错或许得益于我用宏观视野去分析问题。如果像投机者靠着直觉买入卖出那样去经营公司，大环境好的时候，或许能够侥幸获利；大环境不好的时候，估计就只能做好关门的打算了。

虽然谁都不能预测未来，但是我们可以从平时开始，学会站在宏观的高度看问题、分析现状，并用于做出经营判断。

政府也会出错

预测宏观经济动向比较困难，因为即便是凌驾于经营和产业的框架之上的政府，有时候都不能做出正确的预估。由此会左右经济现状，甚至是左右经济增长。日本的泡沫经济破灭之时，针对银行的不良债权问题，政府没有立即采取根本措施，也间接使得金融问题久病入骨，无法根治。

有些东西只有通过回顾才能看见，培养宏观视野的一个重要途径就是事后总结。当时，最开始爆出问题的是主要面向个人发放住宅贷款的住宅金融专门会社（简称“住专”）。那还是 20 世纪 90 年代初期，七家住专公司面临经营危机，就政府应不应该施予援手的问题，在国会被多次提起讨论。那时候的坏账是 6850 亿日元。最终政府决定投入公共资金挽救，但损失的大部分仍由住专的母体银行承担，做破产处理。使用公共资金去给金融机构的经营不当善后，民意爆发不满。后来伴随着泡沫经济破灭，银行的不良债权越积越多，最后数字变成了 90 万亿日元。即使已经有如此明确的数字摆在眼前，但代表新金融对策的“重建金融项目”从提起到放行、实施耗费了较长的时间，错过了黄金救市期。

第十五章　睁大眼睛看清高科技

高科技不代表一定会成为热卖产品

制造出好的产品就能卖得好。这一根深蒂固的观念支撑着日本人，创造了当年的制造业神话。

对于这句话的正确性，我不敢苟同。看看什么好卖，再造出好卖的东西去卖才是企业该有的行为。我曾经作为外部董事，参与过一家制造厂商的管理。那家公司的很多位董事都坚信，造出好的东西就能卖得好。其实，现实当中多的是，你造得好，可你卖不掉。

制造业的公司总的来说有一个特征，因为技术派系的影响，搞技术研究的干部和员工说话比较有分量。那就会和以把握消费者需求、以市场为先的观点存在出入。如果东西卖不出去，或是提供的服务不被认可，企业的工作就毫无意义。如何卖得掉、卖得好才是最开始应该考虑的问题。

如果发现了可能会热卖的产品，但开发与制造的技术支持不够，可以通过企业合作，或是收购具有该技术力的公司来实现目的。

拿苹果公司的 iPhone 手机来说 ，夸张一点来讲，百年才会出一次如此热卖的产品，但你不可能让所有的企业都去造 iPhone。如果我是同行业的制造商，一定会“偷师学艺”，从它的成功学习到相关经验。公司打造下一个具有世界影响力的产品，可等不了一百年。既然可见其商品有市场，唯一能做的就是造得便宜一点，或是造得像一点。

虽然现在 iPhone 被誉为百年不遇的热卖产品，但并不是发售后，iPhone 就被捧上神坛，得到如此之高的评价还是花费了好一段时间。前不久到处都在讨论可穿戴装置，甚至让人误以为它就是下一个抢手货。但可穿戴装置不像 iPhone 那么幸运，涉入可穿戴装置领域，想分一杯羹的企业有很多，不过已经有不少公司的钱都打了水漂。

电子产品领域“雷声大，雨点小”的东西太多了。现在人人都觉得 iPhone 好，但当初，最受人关注的却是黑莓手机。红得快，过气得也快。虽然无法预知 iPhone 还能走红多久，也许红不到一百年，但撑十年，我觉得没问题。

新产品的市场战略是重中之重，一旦读错宏观信号，对市场规模预估错误，就会造成产能过剩的严重后果。正所谓，棋错一着，全盘皆输。这是关乎公司生死存亡的大事，需要我们时刻兼顾技术和市场。

关注汽车与金融的变化

虽说苦心融合了最新科技的产品不一定卖得出去，但高新科技确实具有能够改变产业和社会的巨大力量。今后人工智能和大数据将如何影响经营管理，这是我关心、关注的问题。特别是汽车和金融行业，应该会发生超乎人类想象的巨变。说得极端一点，现行的金融机构可能会产生翻天覆地的变化。非常有可能的是银行将不再需要实际店面。到了那时，在很多车站门口都占据了最好的地段的银行估计就能做做房东，收收租。虽然列举了一种极端的情况，但不可否认，时代的暗潮正在朝着那个方向涌动。

成功与否在于能否将人工智能、大数据与现实进行有效结合。将最尖端的技术与现实世界结合，才会催生众多创意产业。美国的亚马逊全球知名，但你通过网络下的订单，最终还是要通过快递员才能送到你手里。没有最终环节的人力，我们不能买衣穿，不能买水喝，也不能买电子产品来娱乐。

备受关注的大数据在金融和医疗等领域发挥着巨大作用。在医疗行业，比如采集血液、分析DNA等，如果能通过大数据得到科学验证，就能尽快尽早、准确无误地进行各类处理。

而在金融的世界里，征信评估的方式也将发生巨大改变。征信评估的最大问题就是以过去的数据为依托做出判断。过去的数据虽然完全正确，却不能反映出未来的变化趋势。如果有大数据作为依托，就可能更精确地进行征信评估。信用卡领域一马当先，目前已经导入各种数据用于判断个人信用度。而快人一步的美国企业Square公司，已经在收集庞大的数据，探索新的金融之路了。

科技发展将会带来一个超越我们认知的、全新的世界。

货币会发生改变。现在听起来可能是天方夜谭，但比特币等虚拟货币横空出世，我们假设一下，如果比特币的信用度越来越高，流通性增加，情况将会如何呢？不禁让人好奇中央银行将何去何从，甚至引发对货币本质的探究与讨论。

金融也是一样。曾经支撑着中央银行的信用模式渐渐会变为需要经过大众点头同意的东西，如同随机从网上筹集资金的众筹一样。资金的流向通过人气投票来决定的可能性也开始浮现。到了那时候，销售额为零的公司也能披张羊皮，从投资人手里拿来大笔资金，把股市市值做成10亿美元。

摆在我们面前的问题是，如何在数据中加入人的判断，以排除风险。超市和便利店的收银台边上，收银员凭自己感觉判断，A是六十岁的女性，B是三十岁的男性，“嗒嗒嗒”把数据输入电脑。在此过程中，我们无法验证这些数据正确与否。但我相信，只要不断地尝试，人们总会找到方法去合理分析数据的。

第十六章　只盯着对手就什么都做不成

欧力士是由租赁业务发展起来的。可以说那时候的日本基本没有租赁业，欧力士算得上开山鼻祖。所以我们完全没想到，居然需要和监管的政府部门机构打交道、办手续。

那时候，我们的“师父”是美国。手把手教我们的美国企业同时也要给公司投钱。而当时，海外的企业如果要对日本本土企业进行出资，需要申请报批。当时丈二和尚摸不着头脑，连该去找哪个部门都不知道，后来查了一番，知道要去找通商产业省（现在的经济产业省）。那时候，通商产业省有一个部门，“不知道属于哪个产业的业种，都归我们管”，于是赶紧去那个部门申请，“租赁业的外国企业想要投资我们公司，可以放行吗”，人家特别干脆地回答了我“No”。

那时候的心情，感叹掺杂点无奈。感叹是感叹日本的行政组织之完备，政府考虑得很周全，让“无行业定性的产业”也能有落脚点，无产业定性的产业里包括了婚丧嫁娶、信用平台等多种行业，租赁行业也被划归入内；无奈则是拿不到批准就无法开工，但规定是规定，当时的自己只能表示接受。我比较担心的是，如果国家的行政体系监管太过事无巨细，国民吃个饭、举个筷子都要问问政府，那肯定阻碍了新生事物的诞生。

用户优先意识

说起当时创业的故事，是想给大家介绍供给者理论。在这个理论中，主体不是消费者和用户，而是对企业、行业进行监管的政府部门。这些部门从供应方的角度出发进行监管，实际上阻碍了新事物的产生和发展，构成了一个比较突出的问题。

无须赘言，商业的世界里是应该由使用者说了算的。比如，最近新兴起来的民宿行业。人们旅游出行，住在朋友家里，走的时候，为了略表心意，通常会送个礼物，表示点意思。民宿行业就是从这个衍变而来的家庭经济。本身已存在的酒店、旅馆等住宿行业，二者之间会产生什么样的化学反应呢？从行政者的角度出发，比起使用者的需求，他们更会优先考虑酒店或是旅馆等现有供给者，想要把新兴产业和现有产业之间的摩擦降到最小。而且日本法律大框架居多，很多时候都是在最后一行注明，细则由各厅决定，或是细则由地方政令决定之类。如此一来，核心的部分由各级地方政府说了算，决定权掌握在了他们手里。

我曾有幸为规划改革委员会出过一份力。那时候我就发现，日本中央政府各机构内部存在诸如“课长通知”这类的限制。课长需要依据法律作出指示与解释，而作为依据的法律往往都暧昧不清。行政指导中也存在类似的情况。不依据法律进行咨询指导或是行政指导，毫无疑问是无效的。如果不注意解决此问题，就容易导致监管不力。于是，政府方面开始就法律依据作出讨论。在此过程中，我又注意到两件事情：一是根据如何进行法律解释，法律会产生不同的意思；二是传统看法都是优先维护现有秩序的，他们从供给者的角度出发考虑问题，不重视用户需求。如此一来阻碍了价值的创造。

本来，企业的活动应该优先考虑使用者。比如优步或是爱彼迎这样的新兴产业，日本政府根据出租车行业的相关法律规定，或是旅馆行业的相关法律规定对其进行监管，站在政府的立场的确有不能放开的理由。我还是认为原本没有的新事物，应该先让它做来试试看。只是，行政方面就会具体搬出条款告诉你“×× 行为与 ×× 条款存在冲突”，需要在法律的大框架下进行监管，所以日本社会才难以诞生新的事物。作为经营管理者，我们必须注意不被那个理论牵着鼻子走，谨记任何时候都优先使用者、消费者。

所谓“业界首家”“业界 Top”有时候是个陷阱

人被条条框框所束缚，慢慢地视野会越来越窄。在日本的制造业当中，与同行业企业竞争的意识非常普遍，且较为强烈。经营管理者总是赌气，不甘输于对手，继而容易用所谓“业界首家”，或是“业界 Top”这样的噱头来衡量企业 。

一家企业只做某个行业并不是一件值得高兴的事情，更不能过多在意业内排名。但现实情况是，不少经营管理者老是盯着行业地位和位置不放。在他们眼里，保持相对优先于竞争对手的地位，可能才是正确的经营管理战略吧。可我们需要想一下，太过在意竞争对手，贸然进行超过公司体力的投资，万一失败了，又将如何收场呢。那时候等回过神来，半只脚已经站在了陷进里面。

我在前面部分，论述过需要把组织看成圆锥体，行业也是如此。你得站在顶尖，综览全局，认识到经济变化带动着行业也在发生变化。这样的话，“怎么能输给那个家伙”的幼稚想法自然就烟消云散了。

20世纪70年代后半期，当时租赁产业还是欧力士的主力业务。而那时候的行业巨头公司，不论是规模还是利润水平，都完胜欧力士。不过，记忆当中，我一次都没有下命令去追赶对方。我深知“租赁行业里决不能盲目追赶”，所以没有拿出任何措施去对抗。

进入80年代以后，两家公司差距渐渐缩小。某个时候，突然发现欧力士在产业规模上反超了对方。我印象非常深刻的是，当时对方的社长负气，“开什么玩笑！怎么能输给欧力士”，并采取了一系列措施来与我们对抗。不幸的是赶上泡沫经济破灭，欧力士虽然也深受影响，但那家公司步子迈得太大，周转困难，最后甚至连出资的银行都宣告破产了。

当时，另外几家大公司也相继破产。拥有金融机关背景的租赁公司，多由出资的母公司的嫡系管理经营，形成长年输送社长到子公司的流水线。同母公司相比，子公司规模小、依赖性强、船小好调头、背靠大树好乘凉。尤其以子公司的社长的立场来说，更是可以放开手脚去做。公司得以扩大还能交代得过去，更多的是贸然跃进，随着泡沫经济破灭，栽得头破血流。这样一来，母公司泥菩萨过河自身难保，不能再带一个拖油瓶。那些子公司的 Top 就让金融危机来“背锅”，说什么要是没有金融危机的话……但其实害了他们的是“天塌下来也有高个儿顶着”的依赖心理，是这种心理让他无法做出冷静的判断。

身为经营管理者，必须时刻保持冷静，这是我们每一个人都要做到的。

不能对顾客“言听计从”

刚才我说，要优先客户的需求，不能从供给者或者业界的立场出发。但如果对用户、消费者言听计从的话，也容易出问题。倾听消费者的声音固然重要，但是每走一步都要听听消费者怎么说，公司是无法运转的。说到底，只是以顾客的意见为参考去追求利益。

一般来说，让消费者满意的多是买到质优价廉的商品。所以说，不能缩小顾客满意度这个概念的使用范围，我们的重点应该是在企业实实在在盈利的基础上，来看看顾客对企业满意与否。

结　语

2016 年 8 月，在撰写本书过程中，我喜闻铃木一朗选手在美国职棒大联盟达成了 MLB 生涯的 3000 安打，衷心祝贺他摘得荣誉桂冠。

初识铃木一朗选手，是他在欧力士的球队效力的时候，印象里的他是一个非常热爱棒球的青年。他的人生里似乎除了棒球还是棒球。如他一般热爱棒球、如痴如醉的，棒球选手里无人能及。一年 365 天，他几乎每天都在练习。这听起来或许夸张，但对于他本人来说，却是再正常不过了。正因为那份热爱与韧性，他才能尽情享受打球的乐趣，在高手如云的美国职棒大联盟打出自己的一片天下的吧。

说说铃木选手的成绩和球队的经营

观看美国职棒大联盟的比赛，我再次深刻感受到，球队的经营不只是为了企业的广告宣传，像美职棒一样，需要确立能够整体盈利的机制与体系。将联盟内的30支球队看作一个整体，聘用职业运动组织的行政管理员里精通经营管理的人士，才能在这二十年中取得如此巨大的增长。1994—1995年的时候，美职棒也曾面临选手罢工等经营难题，规模也与日本相差不大。但现在的美职棒，规模大约是日本的七倍，差距被大大地拉开。

日本的专业棒球的经营正是起步腾飞之时。为了让像铃木一朗那样优秀的选手，在日本的棒球界大放异彩，我们可以开发专业体育产业，并使其发展壮大。我可以从经营管理的方面，协助构建外部环境。

欧力士野牛队充分发挥了宣传企业的广告作用，但如果要问作为球队的经营是否成熟，我只能回答尚在发展之中；如果问收支是否平衡，我只能回答，面临的状况和其他球队类似，也不容乐观。

我们需要从经营管理层面认识到，每支球队发挥的不只是广告宣传作用，12 支球队成为一个整体才是最重要的。比如说，为了扩大日本国家队的影响力，可以增多和亚洲各国球队、美国球队的比赛。棒球队团结一心就能找到新的发展突破口。这个想法，我从以前就一直说到现在。以前，改革的步伐较小，最近觉得步子迈得大了许多。可以说，今后也是一个值得期待的行业。

※ ※ ※ ※ ※ ※ ※ ※ ※ ※ ※ ※

刚才谈了铃木一朗选手的辉煌赛绩，还提到了球队的管理经营。我想说明的就是，即使是大家不那么熟悉的体育商业，也存在着需要改变的要素和应该努力的方向，我们需要做的是通过科学合理的经营管理实现前述二者。日益新，月益新，发挥领导力才是经营管理者。那么，最后我还想从宏观的观点，再次强调经营管理的重要性。

环顾世界，大量的难民移民问题、英国脱欧造成的欧盟分裂等，政治动荡不安。

美国国际政治研究领域著名学者塞缪尔·亨廷顿认为，世界主要有八大文明，即中华文明、印度文明、伊斯兰文明、西方文明、日本文明、东正教文明、拉美文明，还有可能存在的非洲文明。他在《文明的冲突》中准确地预言了西方文明与伊斯兰文明的冲突。虽然文章是在二十多年前发表的，但放在今天，也依旧能给我们很多启示。

另一方面，把目光投向经济环境。世界上很多国家都在推行量化宽松，长期利率较低。这意味着什么呢，意味着几乎没有长期投资能够带来收益的产业。如果有商机的话，即使付利息也要借钱，进行长期投资。正因为没有，所以利率才那么低，甚至出现零利率的情况。企业通过购买自家股票，拉高股价也是一样的，反映了没有预期回报较高的产业，不是什么好事。

也就是说，政治和社会问题频发的当下，经济方面也难以预测。对于经营管理者和创业家来说，世道艰难。但也不能以宏观环境为借口，其实微观来看，企业发展的商机还是很多的。

我反复强调，最重要的是敢于挑战。当然，并不是说随便开始就可以，经营管理者的工作是弄清资金需求，挑选合适人才，看清宏观时势。边想边跑，跑太慢，太过谨慎，对手把你给超了；跑太快，过于贸然，又会失败。我们需要边跑边想边做，抓住其中要领，才更容易成功。敢于挑战，勇于创新，这才是优秀的经营管理者。

最后我想在此对撰写本书过程中给予支持的多方人士表示衷心的谢意。尤其感谢在金融科技方面给予帮助的高桥秀明先生，欧力士的职员宫木畅子小姐，以及日经 BP 出版社的各位负责人。

2016 年 11 月 宫内义彦

图书在版编目（CIP）数据

我的经营论 / (日) 宫内义彦 著；蒋丰 译. — 北京 : 东方出版社，2017.8
ISBN 978-7-5060-9862-5

Ⅰ. ①我… Ⅱ. ①宫… ②蒋… Ⅲ. ①金融企业—经营管理—经验—日本 Ⅳ. ①F833.133

中国版本图书馆CIP数据核字（2017）第205300号

我的经营论
（WO DE JINGYINGLUN）

作　　者：［日］宫内义彦
译　　者：蒋　丰
责任编辑：陈丽娜　刘　峥
出　　版：东方出版社
发　　行：人民东方出版传媒有限公司
地　　址：北京市东城区东四十条113号
邮　　编：100007
印　　刷：北京汇瑞嘉合文化发展有限公司
版　　次：2017年11月第1版
印　　次：2017年11月第1次印刷
印　　数：1—14000册
开　　本：880毫米 × 1230毫米　1/32
印　　张：6.875
字　　数：62.8千字
书　　号：ISBN 978-7-5060-9862-5
定　　价：42.00元
发行电话：（010）85924663　85924644　85924641